Gewidmet allen schöpferischen, mit Phantasie und Poesie erfüllten Querköpfen, welche dem Unverständnis, der Missgunst und dem Kleinmut mediokrer ErbsenzählerInnen ausgesetzt sind.

Die Metapher ist weit klüger als ihr Verfasser und so sind es viele Dinge. Wer Augen hat, der sieht (alles) in allem.

Georg Christoph Lichtenberg

Dilige et quod vis fac!

(Liebe und tu, was Du willst!)

Augustinus

Ed Watzke

»Wahrscheinlich hat diese Geschichte gar nichts mit Ihnen zu tun ...«

Geschichten, Metaphern, Sprüche und Aphorismen in der Mediation

2008
Forum Verlag Godesberg

Bibliographische Information der Deutschen Bibliothek

Die Deutsche Bibliothek verzeichnet diese Publikation in der Deutschen Nationalbibliografie; detaillierte bibliografische Daten sind im Internet über http://dnb.ddb.de abrufbar.

2., unveränderte Auflage 2008

Mönchengladbach 2008
Herstellung: Books on Demand GmbH, Norderstedt
Printed in Germany
ISBN 978-3-936999-40-2

Lektorat und Layout: Carl Werner Wendland (Mönchengladbach)
Umschlaggestaltung: Konstantin Megas (Mönchengladbach)
Abbildung (Vorderseite):
René Magritte, Homesickness (1940)

Abbildung (Rückseite):
Murat Ertem (Stuttgart), Wölfe
Wir danken Murat Ertem für die freundliche Überlassung der Fotos.

Zuvor

Vor langer Zeit lebte einst ein weiser, Geschichten umwobener Rabbi in einem kleinen Dorf in Osteuropa. Er wurde Baal-Shem-Tov genannt.[1] *Hoch geachtet und verehrt, kümmerte er sich liebevoll um die Menschen in seiner Dorfgemeinschaft. Er führte sie wiederholt zu einem genau bestimmten, verschwiegenen Ort im Wald, vollführte ein Ritual, entfachte in bestimmter Art und Weise ein Feuer, sang in spezieller Art und Weise spezielle Gebete ...*
und Gott kam.

Hoch betagt sammelte er seine Gemeinde um sich und sprach zu ihnen: „Für mich wird es bald Zeit, Abschied zu nehmen von euch und von dieser Welt. Doch Ihr könnt – wenn ich nicht mehr da sein werde – selbst für euch sorgen, auch in Zukunft mit Gott in Verbindung zu treten. Ihr kennt den Platz im Wald, Ihr wisst um die Art des Feuermachens Bescheid, Ihr kennt die Gebete und wisst, wie diese gesungen werden müssen ...
und Gottes Segen wird über euch kommen.

Er verstarb. Erst weinten und trauerten die Menschen um ihn. Dann erinnerten sie sich an die Worte, die er einst zu ihnen gesprochen hatte. So gingen sie also zu

---

1 Wörtlich etwa: der Herr/Meister des guten Namens; um 1700 geboren gilt er als ein Begründer des Chassidismus, einer volksverbundenen, demutsvollen, mystischen Strömung der jüdischen Religion.

*der bestimmten Stelle im Wald, machten das spezielle Feuer, sangen die Gebete ...
und Gott kam.*

*Die nächste Generation hatte bereits vergessen, wie man das heilige Feuer bereitet. Sie sangen die Gebete und Gott kam. Die dritte Generation wusste nicht mehr das Feuer zu machen; sie hatten auch die Stelle im Wald vergessen. So kamen sie einfach zusammen, sangen die Gebete ...
und wurden gesegnet.*

*Schließlich hatte die nächste Generation alles vergessen. Das Feuermachen, den Ort und sogar die Gesänge und Gebete. Als sie sich dessen Gewahr wurden, erfasste sie tiefes Entsetzen und Ratlosigkeit. Was nun? Längeres Schweigen. Da stand ein Alter unter ihnen auf und rief: „Ich erinnere mich an die Geschichte!“
Und er begann, ihnen diese zu erzählen ...
Von Baal-Shem-Tow, vom Wald, vom Feuer, von den gesungenen Gebeten ...
und Gott kam.*

Inhalt

Über dieses Buch

René Magritte, gefragt nach der Zeitspanne, die er benötige um ein Bild zu malen, antwortete sinngemäß, er benötige etwa zwei Jahre oder mehr, um es in seinem Kopf entstehen zu lassen und etwa zwei Wochen, um es auf die Leinwand zu malen.

Das Entstehen dieses Buches reicht etwa drei bis vier Jahre zurück. Als sich – vorerst von Intuition geleitet – mein Arbeitsstil zu verändern begann. Ich hatte bereits mehr als ein Jahrzehnt Erfahrung aus weit mehr als tausend Mediationen hinter bzw. in mir. Nach und nach wurde mir klar, dass meine sich verändernde Arbeitsweise nicht auf Optimierung hinaus läuft, sondern auf einen Paradigmenwechsel. Als sich mir die ganze Gestalt der neuen Methode nach mehrjähriger Verpuppung – einem frisch geschlüpften Schmetterling gleich – offenbarte, rief ich erst mal laut *Heureka!* Der zweite Blick auf den Schmetterling war für mich desillusionierend. Wie konnte ich so etwas Simples, Banales viele Jahre lang übersehen? Ich habe wohl den Wald vor lauter Bäumen nicht wahrgenommen. Bei hocheskalierten, kriegsähnlichen Konfliktdynamiken – um solche geht es in diesem Buch in erster Linie – ist die Marschrichtung *vorerst Bearbeitung/Lösung der Probleme und daraus logisch und chronologisch folgend der Friede* wenig hilfreich bis kontraproduktiv. Die Umkehrung – *zuerst Friede, dann die Probleme* – erwies sich für mich und meine Arbeit als Mediator wie ein Zusammenfallen von Weihnachten, Ostern und Pfingsten. Viele Menschen meinen dazu erst mal, das gibt es nicht, das kann nicht sein, wie soll denn das vor sich gehen? Ja! Es funktioniert ganz wunderbar und hat sich in meiner Praxis bestens bewährt. Der *Schmetterling* heißt *Metapherbrücke.*

Klar ist: Friede entsteht nicht als Ergebnis eines logisch linearen Denkprozesses. Der Friede beginnt in uns selbst und umfasst Bauch, Herz und Hirn, Gefühl und Verstand. Um die Menschen sowohl kognitiv als auch affektiv zu erreichen, bedarf es angemessener Methoden. Storytelling ist so alt wie die Menschheit. Jahrtausende war die Menschheit darauf beschränkt, ihre Geschichte, Traditionen, Lebensweisheit in Erzählungen von Generation zu Generation weiter zu geben. Und doch – so dünkt mich – wird diese archaische Kunstfertigkeit in unserer Kultur grob vernachlässigt. Ich würde mich glücklich schätzen, wenn dieses Buch einen kleinen Beitrag leisten könnte, dem Einsatz von und der Freude an Geschichten, Metaphern und Sprüchen mehr Raum zu geben.

Im ersten Teil versuche ich einen praxisrelevanten theoretischen Kontext zu liefern. Danach folgt eine konkrete, komplette Fallgeschichte mit dem vollständigen Verlauf/ Transskript zweier Sitzungen. Teil Drei beinhaltet methodische Anmerkungen zu Storytelling, einige ausgewählte Fallgeschichten und performative Interventionen. Abschließend folgt eine beispielhafte, kleine Sammlung von Geschichten, Witzen, Sprüchen zu ausgewählten Standardthemen und -situationen in der Mediation.

Mein Dank gilt zu allererst den tausenden Menschen, welche mir als Mediator Vertrauen schenkten und das Leben in all seiner mitunter bizarren Vielfalt zu mir brachten, mich an ihrem Leben, ihren Gedanken und Gefühlen teilhaben ließen. Dann all den vielen Freunden, Ladies und Gentlemen, Bekannten, Meistern, Literaten, Poeten und Philosophen im wahrsten Sinn des Wortes, die mich durch die Weitergabe von Geschichten in verschiedenster Form bereichert haben. Meiner *Playback*-Kollegin *Aviva Apel Rosenthal* aus Tel Aviv, welche mich bei einem *Playback-Treffen* in Italien mit der Geschichte von *Baal-Shem-Tow* beschenkte. Den Schatz von Geschichten kann – ähnlich der Liebe – nur bewahren und vermehren, wer diesen freigiebig weitergibt.

Meiner lieben Frau und Gefährtin *Aniko Kaposvari*, die mir wiederholt Mut zusprach, in vielem hilfreich zur Seite stand, das Manuskript mehrmals durchlas und mir wichtige Hinweise gab.

Carl Werner Wendland vom *Forum Verlag Godesberg* danke ich für die unterstützende, sorgfältige und humorvolle Betreuung des Buchprojektes.

Wien, im Mai 2008
Ed Watzke

I. Die Metapherbrücke (MB)

Ein Königsweg: Aus dem Kriegskontext in den Friedenskontext in hocheskalierten Konfliktszenarien

Ich spreche von folgender Ausgangssituation: hocheskalierte, chronisch verhärtete Konfliktszenarien. Es herrscht ein bereits lange, mitunter Jahre andauernder kriegsähnlicher Zustand mit all seinen Begleit- und Folgeerscheinungen. Kalter Krieg mit immer wieder aufflackernden heißen Phasen. Mitunter ein Mehrfrontenkrieg mit langer Geschichte, welche von den darin verwickelten Personen verschieden erlebt, erzählt und geschrieben wird. Ihre Ideologien, Rationalisierungen sind wie ihre jeweiligen Feindbilder in ihren Hirnen, Herzen und Seelen wie in Stein gemeißelt. Kommunikation zwischen den Parteien findet in den kalten Phasen möglichst gar nicht statt, in den heißen ausschließlich in destruktiver Form. Die Luft, die sie atmen, ist verpestet von Argwohn, Missgunst, Hass etc. Die darin heillos verstrickten Menschen beherrschen nicht den Krieg, nein, dieser beherrscht längst sie. Aus äußeren Zwängen sind sie jedoch genötigt in gewisser, sozialer und/oder räumlicher Nähe zueinander zu leben/zu arbeiten/miteinander zu tun zu haben. Sei es im straf- und/oder zivilrechtlichen Kontext oder anderswie geraten sie *nolens volens* in eine Mediation.

Als MediatorIn finden sie Menschen auf einem Kriegsgelände vor, in ihre jeweiligen Stellungen, Schützengräben verbarrikadiert; mit ihrem jeweiligen Arsenal an Geschossen/Waffen/Strategien. Der Krieg hat auf allen Seiten vieles zerstört und jede Menge Wunden hinterlassen, welche die Konfliktparteien gerne sorgsam sammeln, auflisten und vor aller Welt zur Schau stellen: *„Seht her, was er/sie mir angetan hat!"*

In der ideologischen Kriegsführung herrscht ein erbitterter Kampf um den Opferstatus. Alle führen ausschließlich einen Verteidigungskrieg und Abwehrschlachten. Nun sitzen sie sich und Ihnen als MediatorIn gegenüber. Sie befinden sich auf heimtückisch vermintem Gelände. Deshalb ist die Luft zum Schneiden, die Nerven liegen blank. Jeder Schritt auf dem mit Minen durchsetzten Gelände kann explosive Auswirkungen haben.

Was tun? Sich in vertraulichen Einzelgesprächen nach allen Regeln *Klientenzenrierter Gesprächsführung*, aktiv zuhörend als Lagerstätte/psychohygienischer Abfalleimer für Kriegsgeschädigte anbieten? Sich überschütten lassen mit ihrem Jammern, Wehklagen, ihren Empörungen, Hasstiraden, Vereinnahmungsversuchen, Schuldzuweisungen, Rechtfertigungssuaden etc.? In dem (naiven) Glauben, sie könnten es dadurch loswerden? Meist ist das Gegenteil der Fall; sie tauchen bloß noch tiefer in den Schlamm und Morast ein. *Best way to burn out.*

Sich als Sprengstoff-Experte anbieten, um behutsamst mit den Parteien Mine für Mine zu entschärfen? Ein gefahrvolles und äußerst schwieriges Unterfangen. Sich in einer Gefechtspause als Wundenheiler anbieten und versuchen unter strengster Wahrung von Neutralität und Allparteilichkeit Wunde für Wunde zu behandeln? Ein Job für Jesus Christus.

Gemäß *Klassischer Phasenmediation* mit *Phase Eins* beginnen und Probleme sammeln? Gewissenhaft und sorgsam die Pinwände mit all den Kriegsgeschichten, Verletzungen und Kränkungen zupflastern, Prioritätenlisten erstellen?

In meiner siebzehnjährigen Geschichte als Mediator hatte ich, großenteils im Kontext des *Außergerichtlichen Tatausgleichs*, aber auch in privater Praxis, die wunderbare Möglichkeit, mich in nunmehr annähernd 2000 Fällen als Mediator zu versuchen/zu erproben/zu erleben. Ich habe all dies und viel mehr versucht, um in chronisch verhärteten, hocheskalierten Konflikten Frieden zu stiften. In den letzten beiden Jahren hat sich in meinem methodischen Vorgehen nach und nach von Erfahrung und Intuition, aber auch daraus destillierter Erkenntnis geleitet, quasi ein Paradigmenwechsel vollzogen. Nunmehr hat sich dieser Ansatz vollends in mir und vor meinem inneren Auge entpuppt, zeigt sich mir nun in seiner ganzen, schillernden Gestalt, hat mir schon oft erstaunliche Dienste geleistet, vielen Menschen zum Frieden verholfen und mir als Mediator viele, viele leere Kilometer erspart.

Diese Methode taufte ich *Metapherbrücke* (ergänze: aus dem Kriegskontext in den Friedenskontext). Es handelt sich um eine Kur, welche in etwa dort endet, wo die klassische *Phasen-Mediation* beginnt. Eine Methode, welche vorerst und über eine weite Strecke auch als *Verdeckte Mediation* bezeichnet werden kann. Dabei wird jeder direkte Bezug auf die konkrete Objektebene, den konkreten Konfliktverlauf, auf Vorfälle, Ereignisse, Tatsachen und Fakten, auf alles, was aus der Rolle eines Beobachters berichtet werden kann – ich nenne das mit einem Sammelbegriff die *Kriegsberichterstattung* der KlientInnen –

tunlichst vermieden. Anstelle dieses meist fruchtlosen und eskaltionsträchtigen Diskurses über Konfliktursachen und Konfliktinhalte tritt ein metakommunikativer Diskurs. Nicht die Differenzen der Parteien werden zum Thema, sondern wie, in welchen Mustern tragen sie ihre Differenzen aus? Doch auch dabei bleibt der/die MediatorIn zumeist auf einer sehr allgemeinen, kollektiven Ebene und fokussiert zugleich auf metaphorischer Ebene auf die Innenwelt der KlientInnen, um in ihrem Inneren, Intentionalen, ihrem Fühlen, Denken und Wollen eine Veränderung in Richtung Frieden zu bewirken. Wie das konkret vor sich geht, werde ich exemplarisch anhand eines Falles aus der Praxis schildern.

Zuvor will ich Ihnen jedoch quasi ein theoretisches Unterfutter nahe bringen, in loser Abfolge einige mir sehr wichtige Leitgedanken, (Arbeits)Hypothesen, theoretische Pfeiler und Bezugspunkte, verdichtete Erfahrungen, Sprüche, Zitate – ich bezeichne letztere als *Sonden,* weil sie, wenn man nicht bloß so darüber hinweg liest, sondern diese in sich einsickern lässt, von innen her erhellen, immer wieder aufleuchten, zu Aha-Erlebnissen führen, Weisheit in sich bergen. Einiges davon mag Ihnen – eh klar, no na – allzu bekannt und trivial erscheinen und auch so sein. Vieles wissen wir *links oben,* wo wir unser bewusstes Wissen speichern, ohne dass dieses Wissen jedoch in den Fluss unseres Lebens wirksam einmündet. Diese Leitgedanken ergeben kein logisch diskursives Konstrukt – so ist auch die *Metapherbrücke* nicht entstanden. Es sind vielmehr Spuren von den verschiedensten Pfaden, welche mich zur *Metapherbrücke* führten. Sie sind mit ihr verwoben, sind ihr *Subtil. Textil* meint die sichtbare Oberseite eines Gewebes; das Muster, welches sich dem Betrachter zeigt; das *Subtil* wird sichtbar, wenn man die Unterseite/Rückseite des Gewebes betrachtet und das sieht meist wenig geordnet aus.

Die »Vier Quadranten« des Ken Wilber

Viel an Klarheit, Überblick und Orientierung verdanke ich der Metatheorie der so genannten *Vier Quadranten.*[2] Hier nur als Anstoß bzw. zur Erinnerung: *Ken Wilber* hat sich lange Zeit damit beschäftigt, alle nur erdenklichen Theorien, Theoriesysteme, *Landkarten* zur Erfassung der Welt, welche die Menschheit im Laufe ihrer Geschichte hervorgebracht hat, in einem *Metasystem* zu ordnen und zu erfassen. Letztlich fand er heraus, dass sich alle auf vier Felder/Quadranten beziehen. Diese *Vier Quadranten* sind das *Innere* und *Äußere* des *Individuellen* und des *Kollektivs.*

Um das bezogen auf das Menschliche einzugrenzen: Das *Äußere* vereinigt all das, was sich einem Beobachter im weitesten Sinn erschließt, alle Theoriesysteme, alles Wissen, durch empirische natur- und sozialwissenschaftliche Forschung angehäuft, sowohl über das Individuum (Quadrant *außen individuell*) wie über Gesellschaft(en) (Quadrant *außen kollektiv*), so genannte harte Fakten, Statistiken, Quantifizierungen, die objektivierbar und intersubjektiv überprüfbar sind.

Das *Innere* des *Individuellen* hingegen bezieht sich auf unsere jeweilige Innenwelt, auf das, was wir *in unserer Haut steckend* und darunter erleben: unser Empfinden, Fühlen, Wollen, Sehnen etc. Mit dem *Inneren* des *Kollektivs* meint *Ken Wilber* all das, was wir unter Kultur verstehen, z.B. Geschichten, Mythen, Archetypen, kollektive

2 Ken Wilber: „Eine kleine Geschichte des Kosmos", Fischer Taschenbuch Verlag, Frankfurt am Main, 2000. *Sehr zu empfehlen !*

Tiefenkultur und Tiefenstruktur. Das Innere entzieht sich empirischer Beobachtung; wir sind auf Spuren und Zeichen angewiesen, auf Methoden wie Interpretation, Deutung, Hermeneutik etc. *Ken Wilber* nennt diese Verfahren *linksseitige Wege*, die klassischen naturwissenschaftlichen, intersubjektiv überprüfbaren Methoden und Forschungsstrategien hingegen *rechtsseitige Wege.*

Um dies zu verdeutlichen: Wir könnten tausende Seiten physiologischer Forschungsberichte lesen und dabei ein kompaktes Wissen erlangen, was im Körper, Gehirn, im Nerven- und Muskelsystem eines Menschen vorgeht, wenn jemand von Panikattacken befallen oder frisch verliebt ist. All dies würde uns keinen blassen Schimmer davon geben, wie sich Angst oder Verliebtsein anfühlt – kennten wir diese Gefühle nicht von uns selbst, aus eigener innerer Erfahrung.

Innerlich – links	**Äußerlich – rechts**	
LO *innerlich individuell*	*äußerlich individuell* **RO**	
intentional Empfindungen, Gefühle, Wollen, Sehnen, Phantasie, Träume etc. alles innere Erleben	**verhaltensbezogen** alle Erkenntnise aus empirischer und naturwissenschaftlicher Forschung und Beobachtung über das Individium	**individuell**
kulturell alle inneren Bedeutungen, Werte, Weltsichten, common sense, Religion, Mythos, Archetypen etc., welche wir in Gemeinschaften teilen, kollektive Tiefenkultur und Tiefenstruktur, Menschenrechte etc.	**sozial** äußere, materielle, institutionelle Formen der Gemeinschaft, wirtschaftlich, technisch, Architekturformen, Erkenntnisse der Gesellschaftswissenschaften etc.	**kollektiv/sozial/kommunal**
LU *innerlich kulturell*	*äußerlich sozial* **RU**	

Der einfacheren Kommunizierbarkeit wegen bezeichnet *Ken Wilber* die beiden Quadranten des *Äußerlichen* mit der *rechten* Seite, jene des *Innerlichen* mit der *linken*, das *Individuelle* mit der *oberen*, das *Kollektive* mit der *unteren* Seite, als Kürzel ergeben sich so die Bezeichnungen *LO, RO, LU, RU* für die *Vier Quadranten.*

Ich werde später wiederholt auf diese Quadranten zurückkommen und diese Bezeichnung übernehmen. Selbstverständlich sind die Quadranten nicht zweidimensional, also flach zu denken/vorzustellen, sondern jeder der vier besitzt eine Tiefendimension mit vielen Ebenen, Gruppen und Klassen von *Holons;* einfachen wie hochkomplexen ganzheitlichen Entitäten vom Mikrokosmos bis Makrokosmos, vom Elementarteilchen bis zu anorganischen wie organischen Mega-Systemen auf der *rechten Seite,* von den feinsten und zartesten Empfindungen/Gefühlen bis zu hochkomplexen Weltbildern, Glaubens- und Wertesystemen auf der *linken Seite.*

Diese *Vier Quadranten* bilden keine hierarchische Ordnung. Alle vier sind gleich wichtig. Wird ein Quadrant, eine Seite bei all unserem menschlichen Tun und Lassen nicht ausgewogen berücksichtigt oder gar ganz außer Acht gelassen, ist mit mehr oder weniger destruktiven Fehlentwicklungen zu rechnen. So war unser Abendland im Mittelalter linksseitig dominiert. Die Kirche und letztlich der Papst hatten das Monopol der Weltinterpretation usurpiert – der irdischen sowie der Über- und Unterwelt. Davon abweichende Weltsichten und -interpretationen wurden per Inquisition gnadenlos verfolgt und grausamst mit Folter und Tod bestraft. Der Vatikan benötigte immerhin etwa 500 Jahre, um *Galilei* zu rehabilitieren und sich offiziell vom geozentrischen Weltbild zu verabschieden. Und noch immer sagen wir die

Sonne geht auf bzw. unter und nicht etwa: Die Erde hat sich gedreht. Jede Kultur, jede Epoche, jedes Kollektiv entwickelt eigene Ausprägungen in Bezug auf die *Vier Quadranten.*

Die Megaphilosophie des Mittelalters war die Metaphysik. Jene der Aufklärung – die Ratio, die Vernunft – wurde in unserer Epoche abgelöst von der Megaphilosophie der Ökonomie. Nahezu alle gesellschaftlichen Bereiche sind davon durchdrungen und sind mehr und mehr gezwungen, sich dem Diktat der Ökonomisierung unter zu ordnen. Alle Beziehungen zwischen Menschen werden tendenziell immer mehr zu Geschäftsbeziehungen. Alle Welt ist ein Markt, alles Tun ist Management. Es gibt bloß Kunden, Produkte, Konkurrenten, Stakeholders ... Das führt im sozialen Bereich zu bizarren und absurden Auswüchsen. Dem gemäß dominieren naturwissenschaftliche, empirische, positivistische, logisch deduktive, quantitative Strategien, also *rechtsseitige Wege* unsere Epoche. Diese jedoch sind völlig ungeeignet, um die linken Quadranten zu erforschen. Sie versagen, scheitern, prallen an den Grenzen des *Inneren* ab. Haben Sie schon jemals ein Gefühl gesehen? Kulturelle Normen und Werte beobachtet? Dennoch versuchen wir es immer und immer wieder.[3] Wir sind bei derlei Versuchen wie der Mann in dem Witz, der des nächtens unter einer Straßenlaterne verzweifelt seinen Schlüssel sucht, obwohl er weiß, dass er ihn anderswo – allerdings im Dunkel – verloren hat. Er sucht dennoch im Schein der Laterne, weil es da hell ist. Und in der Tat, so frage ich jetzt Sie:

---

3 Die Bezeichnung rechts(seitig) und links(seitig) ist insofern etwas verwirrend, weil wir *rechtsseitige* Wege mit den Fähigkeiten/Qualitäten unserer *linken* Hirnhälfte, *linksseitige* Wege mit denen der *rechten* Hirnhälfte beschreiten.

Haben all unsere empirischen, wissenschaftlichen Forschungsstrategien und -ergebnisse, unsere immense Anhäufung von solcherlei Wissen jemals dazu beigetragen Kriege zu verhindern? Zu beenden? Frieden zu stiften? Einander besser zu verstehen? Uns Menschen toleranter, liebesfähiger, lebensfreudiger, weiser zu machen?

Wie sagt doch der Fuchs zum *Kleinen Prinzen*?

> *„Hier mein Geheimnis. Es ist ganz einfach: Man sieht nur mit dem Herzen gut, das Wesentliche ist für die Augen unsichtbar."*

Ja! Mit dem Herzen sehen, das wäre tatsächlich auch in unserem Kontext sehr hilfreich. Wo, auf welcher Schule, Universität, in welchem Lehrgang, Masterstudium, Workshop, Modul wird diese Fähigkeit gelehrt? In welchen wissenschaftlichen Bibliotheken, Lexika, auf welchen Webseiten können wir fündig werden? Wo finden wir ein klar strukturiertes, logisch stringentes Curriculum?

Erfolg versprechender erscheint mir, wir machen uns auf die Suche nach *linksseitigen Wegen*, zu Philosophen, Weisen und Narren, den Künstlern und Poeten, den Mystikern, Sufis, Rabbis, Zen-Meistern, ins Reich der Phantasie; folgen wir unserer Intuition, lesen und hören Mythen, Geschichten und Metaphern, machen uns auf, das Klatschen einer Hand zu hören, lernen die Fünf gerade sein zu lassen. Die Wege zur Weisheit sind sehr verschlungene Pfade, kein gut beschilderter Highway. Weisheit liegt in alle Welten zerstreut oft verborgen, aber oft auch unbeachtet herum. Bei *René Magritte* fand ich den Satz: *„Das Mysterium und der Nonsens sehen auf den ersten Blick gleich aus."*

Das Paradigma *Weisheit* gewinnt im Kontext von Beratung, Therapie und Mediation zunehmend an Bedeutung. Wir wissen einigermaßen gut über Intelligenz Bescheid, wir messen sie in Tests etc. Intelligenz beinhaltet nicht notwendig Weisheit, jedoch trifft die Umkehrung zu. Wissen hat eine Halbwärtszeit. Wissen von heute sind oft die Irrtümer von morgen. Experten sind Menschen, die von immer weniger immer mehr wissen.

Intelligenz scheint Gefühle zu ignorieren. Weisheit beinhaltet über die Intelligenz hinaus affektive Eigenschaften wie Empathie, Mitgefühl, Anteilnahme, Reife im Umgang mit eigenen Gefühlen sowie den Gefühlen anderer. Weisheit widersteht den Tendenzen zu habituellen, automatisierten Verhaltensmustern. Während Intelligenz Widersprüchlichkeit schwer erträgt, kann Weisheit konstruktiv mit Widersprüchen umgehen *(Ambiguitätstoleranz)*, sieht die Dinge in größerem Zusammenhang, verfügt über Scharfsinn, Durchblick, Intuition, Liebe zu Menschen, zur Natur und Demut. Weisheit beinhaltet Metakognition und Metawissen, beschäftigt sich mit den Grenzen und Voraussetzungen unserer Erkenntnis. Weisheit ist mehr mit der Tiefe von Verstehen verbunden, Intelligenz mit dessen Breite. Weisheit zielt auch auf das Gesamtwohl ab, auf Fürsorge, auf ein erfülltes, sinnstiftendes Dasein, auf Lebensglück möglichst vieler. Weisheit ist offen für dialektisches Denken, für die Verwendung von Metaphern, Umdeutungen, das Erkennen, Übertragen, Erweitern und Transformieren von Mustern. Weisheit lässt sich schwer täuschen, geht den Dingen auf den Grund, handelt oft überraschend und Regel überschreitend *(transgressiv)* und verfügt überdies über einen feinen Sinn von Humor. Weisheit konnotiert mit spiritueller Reife, ist ein hohes, bedeutendes Wissen zugleich aber auch ein Tun, eine Seinsweise. Weise Menschen berücksichtigen bei ihrem Empfinden, Denken, Wollen und Handeln intuitiv alle vier *Wilberschen Quadranten.*

Ein Rabbi wurde einst gefragt:

> *„Sag mal, warum gibt es so wenig weise Menschen, wo doch ein Sprichwort sagt, die Weisheit liege auf der Erde zerstreut herum?"*

Die Antwort:

> *„Weil sich die Menschen ungern so tief bücken wollen!"*

Wohlan, nach diesem kleinen Exkurs über Weisheit lade ich Sie ein zu einem kleinen Ausflug in die Gefilde des *kollektiven Inneren (LU)*, in das weite Land der kollektiven Seele, in die griechische Mythologie, zu zwei Halbbrüdern/Göttern, die für mich zwei Prinzipien verkörpern, die unsere gesamte abendländische (Kultur) Geschichte durchdringen. Nur auf den ersten Blick Antagonismen, sind sie doch beide für unsere Entwicklung gleich bedeutsam.

Das apollinische und das dionysische Prinzip

Werfen wir ein Auge auf die beiden Götter und das ihnen innewohnende Prinzip und vielleicht zugleich auch darauf, welchem der beiden Sie/wir in unserer Epoche, im 21. Jahrhundert mehr Verehrung zollen.

Apollon

Apollon ist ein Sonnengott. Er ist der Gott der (Hoch) Kultur, der Zivilisation, der Viehzucht, Hüter der heiligen Kühe auf den Weiden des Olymps. Er ist ein Gott der Weissagung (Delphi), bringt Heil aber auch Verderben. Er ist ein Gott der Grenzen und straft Menschen grausam, wenn sie durch ihre Hybris geblendet, von ihm bewachte Grenzen überschreiten. Wann immer ein Mensch von sich behauptete, kunstfertiger oder glücklicher zu sein als Götter, vollstreckte *Apollon* gnadenlos das Todesurteil. *Apollon* ist natürlich wunderschön von Gestalt, hochgebildet, sportlich, durchtrainiert, durch und durch Ästhet, ein Gott der schönen Künste, der wohlklingenden Musik, des geordneten Tanzes, aber auch der Tod bringende Bogenschütze, der nie sein Ziel verfehlt. Er war immer schon der Klassenbeste und ist Rekordhalter in allen seinen Disziplinen. Allerdings münden seine Liebesabenteuer zumeist in schreckliche Desaster.

Das *Apollinische Prinzip* steht für:
das Helle, Klare, die klar abgegrenzte Gestalt, für das Sehen, Betrachten, Beobachten, Kontrollieren, für Theorie, für bewusstes, klares, strategisches Planen und Denken, Intelligenz, bewusstes Wissen, für Zielgenauigkeit und

Zielgerichtetheit, für den Fortschritt, Technologie, Disziplin, für die gerade Linie, das Lineare (Pfeil und Bogen), Widerspruchsfreiheit, für Ordnung, Hierarchie, Gliederung, für klar erkennbare Grenzen, für logisch deduktives Denken, für die Aufklärung, für das, was *Freud* den *Sekundärprozess* nannte, die linke Hirnhälfte, die *rechten Quadranten* und *rechtsseitigen Wege* im *Wilberschen* Sinn.

Allerdings die Weissagung der Zukunft betreffend bedient sich sein Orakel zu Delphi – für die Alten war dieser Ort der Nabel der Welt, also der Ordnung schaffende Mittelpunkt – einer höchst kryptischen, enigmatischen Sprache. So nebenbei sei erwähnt, Delphi war über Jahrhunderte ein über alle Maßen erfolgreiches und auch finanziell höchst ertragreiches Business/Geschäft/Unternehmen.

Dionysos

Dionysos werden verschiedene Mütter zugeordnet, am häufigsten *Semele*, eine Mondgöttin. Aber auch *Demeter*, die Göttin der Fruchtbarkeit und des Ackerbaus und auch deren Tochter *Persephone*, die Königin der Unterwelt, werden genannt. Er ist in der Wildnis, in der ungezähmten Natur zu Hause, ist Gärtner und mit den wilden Pflanzen und Tieren vertraut, reitet auf Löwen, Tiger, Elefanten ... er ist ein geselliger Gott, liebt die Natur und die Menschen, sein Kult ist ein Frauenkult.

Von Frauen, Nymphen, Satyrn und Silenen umgeben und begleitet, zieht er durch die ganze alte Welt bis nach Indien. Er beschenkt die Menschen mit dem Wein, lehrt sie diesen anzubauen und zu keltern.[4] Er ist der Gott der Ekstase[5], des göttlichen Außer-sich-Seins, aber auch der Raserei und des Wahns, des Rhythmus, der Trance; seine Musik erklingt aus der Trommel, nicht aus Laute und Harfe, wildes Tanzen führt er an. Im Gegensatz zu *Apollon* ist er keineswegs schön, auch kein Athlet, kleinwüchsig mit verwildertem Haar und Bart. Über seine Macht der Entgrenzung und Entfesselung kann er auch sehr zerstörerisch wirken. Dies tut er dann, wenn er als Gott nicht anerkannt und/oder sein Kult verboten wird, wie einst in Theben.[6] *Dionysos* hat eindeutig schamanistische Vorgänger und letztlich stammt er mythologisch von der *Großen Mutter* ab. Er steigt auch hinab in die Unterwelt, um seine Mutter heraufzuholen.

Das *Dionysische Prinzip* steht für:
das Dunkle, Wilde, Ungezähmte, Amorphe, das Fließende und Flüssige, für den Morast, den Sumpf, den fruchtbaren Urschleim aus dem das Leben hervorkommt, für das Transgressive, Irrationale, den Rhythmus, den rituellen Tanz der Schamanen, der Derwische, die Ekstase, das Rauschhafte, die Trance, das Es, das Unbewusste, bei *Freud* für den *Primärprozess,* die unbewusste Weisheit, für Intuition, Traum, Phantasie, für Unordnung, Chaos, Verbindung zur Überwelt wie zur Unterwelt, Einklang mit der Natur, Empathie, für das Circuläre, den Kreis, das Cyclische, den Tod und die Wiedergeburt[7], die ewi-

---

4 Der Weinstock erwuchs aus seinen zur Erde gefallenen Tränen. Den Wein – die verwandelten Tränen – trinkend, nehmen wir quasi den Gott in unser Inneres auf. Ein Motiv, welches das Christentum übernommen hat.

5 Griechisch: ékstasis = das Außersichgeraten, die Verzückung; von exhistasthai = aus sich heraus treten, außer sich sein.

6 Siehe: Euripides, „Die Bacchantinnen".

7 Der Name *Dionysos* bedeutet *Der-zwei-Mal-Geborene.*

ge Wiederkehr für das, was wir ahnen, fühlen, in uns spüren, mit *Wilber* für die *linken* Quadranten und *linksseitigen Wege ...*

So verschieden sie auch sind, diese Brüder – es verbindet sie nicht bloß der gemeinsame Vater – kommen sie doch bestens miteinander aus, sind in brüderlicher Freundschaft verbunden. In Delphi regierte *Apollon* im Sommer, im Winter war es Kultstätte des *Dionysos.* Besonders in Liebes- und Herzensnöten wandte sich *Apollon* wiederholt Hilfe suchend an seinen Bruder.

Nun lassen Sie uns gemeinsam unsere kultureigene Art und Weise Mediation zu betreiben, Revue passieren ... Wie wird sie gelehrt, erlernt, ausgeübt? All die verschiedenen, Methoden, Interventionen, Tools etc.? Was davon würden Sie dem *Apollinischen*, was dem *Dionysischen* zuordnen? Wie steht es mit der Ausgewogenheit?

Zur genialen Verknüpfung beider Prinzipien seien hier einige wenige genannt: *Sigmund Freud, Carl Gustav Jung, Jaques Lacan, Claude Levi-Strauss, René Girard, Georges Bataille, Michel Leiris, Ken Wilber;* einige Großmeister und Leitfiguren der therapeutischen Zunft, denen ich/wir unschätzbar vieles verdanke/n: *Milton Erickson (Zwei-Ebenen-Kommunikation)*, der Begründer der modernen *Hypnotherapie, Eugene Gendlin (Focusing)* und *Frank Farrelly* mit seiner *Provokativen Therapie.* Aus dem Bereich Mediation, Friedens- und Konfliktforschung *Johan Galtung.* Die Einbeziehung von Tiefenkultur und Tiefenstruktur *(LO,LU)* ist wesentlicher Bestandteil seiner *Transcend-Methode.*

Sonden und Leitgedanken ... Fäden aus dem subtilen Gewebe

Nachfolgend einige Zitate, Sprüche, Leitgedanken in loser Abfolge. Für mich Kleinodien, Geschenke, auf meinen verschlungenen Pfaden aufgelesen, sind sie mir lieb und wert geworden und bereichern mich immer wieder. Zum besseren Verständnis ist es mir wichtig, darauf hinzuweisen, dass wir uns in der Metapher *Textil/Subtil* noch immer auf der Unterseite des Gewebes der *Metapherbrücke* befinden. Zur Oberseite, zum Muster, zur sichtbaren Gestalt komme ich im Anschluss daran. Der subtile Bereich ist – wie die Unterseite eines Teppichs – scheinbar verworren, nicht logisch strukturiert und unübersichtlich. Mit einiger Erfahrung, verbunden mit intuitivem rechtshirnigem Erfassen, lässt sich jedoch erahnen, wie in etwa das Muster auf dem *Textil,* auf der Oberseite aussehen mag. Selbstredend sind das nur einige, mir jedoch sehr wichtige Fäden des unvorstellbar komplexen Gewebes, welche sich meiner intuitiven Betrachtung erschließen. *Linkshirnig, apollinisch, logisch diskursiv* betrachtet ist das wenig ergiebig, mag sogar als Nonsens, als unsinnige oder beliebige Abfolge von Sätzen erscheinen. Vielleicht gelingt es Ihnen jedoch, diese Fäden intuitiv – *rechtshirnig* – in sich aufzunehmen. Vielleicht stellen Sie dabei fest, dass manche dieser Fäden auch in Ihrem individuellen Subtil vorhanden sind.

Man muss schon Chaos in sich tragen, um einen tanzenden Stern gebären zu können.

Friedrich Nietzsche

Fortwährend arbeitet noch das Chaos in unserem Geiste: Begriffe, Bilder, Empfindungen werden zufällig nebeneinander gebracht, durcheinander gewürfelt. Dabei ergeben sich Nachbarschaften, bei denen der Geist stutzt: Er erinnert sich des Ähnlichen, er empfindet einen Geschmack dabei, er hält fest und arbeitet an den Beiden, je nachdem seine Kunst und sein Wissen ist. – Hier ist das letzte Stückchen Welt, wo etwas Neues combiniert wird, wenigstens, soweit das menschliche Auge reicht. Und zuletzt wird es im Grunde eben auch eine neue allerfeinste chemische Combination sein, die wirklich im Werden der Welt noch nicht ihres Gleichen hat.

Ders.

Das vernünftige Denken ist ein Interpretieren nach einem Schema, welches wir nicht abwerfen können.

Ders.

Den größten Fehler, den Rationalisten machen können ist, das Irrationale zu unterschätzen.

Oscar Wilde

Als vernunftbegabte Wesen sollten wir Menschen wissen, dass wir uns nicht auf die Vernunft allein verlassen können.

Ders. (vermutlich)

Fast nie ist es die Vernunft, wodurch die Dinge vernünftig werden, und fast nie kommt der Mensch aus Vernunft zur Vernunft.

Charles de Montesquieu

Halte deine Leidenschaften im Zaum, aber hüte dich, deiner Vernunft die Zügel schießen zu lassen.

Karl Kraus

Wo weder zum Weinen Kraft ist noch zum Lachen, lächelt der Humor unter Tränen.

Ders.

Es gibt Dinge, die sind so falsch, dass nicht einmal ihr Gegenteil richtig ist.

Ders.

Was man ernst meint, das sagt man am besten im Spaß.

Wilhelm Busch

An dem Punkt, wo der Spaß aufhört, beginnt der Humor.

Werner Fink

Jeder Mensch ist ein Clown, aber nur wenige haben den Mut, es zu zeigen.

Charlie Rivel

Humor ist keine Gabe des Geistes, er ist eine Gabe des Herzens.

Ludwig Börne

Das Lachen ist göttlicher als das Weinen.

Georges Bataille

Es gibt hoch gelehrte Bücher, die auf 600 Seiten ebenso viel Weisheit enthalten wie ein guter Witz.

Stanislaw J. Lec

Es genügt nicht zur Sache zu reden, man muss zu den Menschen reden.

Ders.

Nackte Vernunft trägt ihr Feigenblatt dort, wo das Herz schlägt.

Ders.

Zu Herzen geht, was von Herzen kommt.

Samuel T. Coleridge

Frage: Was interessiert Sie an den Menschen?
Antwort: An den Menschen interessiert mich, wie sie reagieren, wenn ich ihnen mitteile, dass ich sie liebe.

Jaques Brel in einem Interview

Nicht alles Sichtbare ist auch wirklich und nicht alles Wirkliche ist sichtbar.

René Magritte

Sichtbare Dinge können immer andere sichtbare Dinge verbergen.

Ders.

Das Mysterium und der Nonsens sehen auf den ersten Blick genau gleich aus.

Ders.

Man muss ein Bild der Ähnlichkeiten malen, um das Denken in der Welt sichtbar zu machen.

Ders.

Wenn man ein altes Wort gebraucht, so geht es oft in dem Kanal nach dem Verstand, den das ABC-Buch gegraben hat, eine Metapher macht sich einen neuen und schlägt oft grad durch.

Georg Christoph Lichtenberg

Es gibt Leute, die glauben, alles wäre vernünftig, was man mit einem ernsthaften Gesicht tut.

Ders.

Wir Menschen benützen unsere Vernunft, um Entscheidungen rational zu begründen, die wir emotional getroffen haben.

Voltaire

Das Schwierigste im Leben ist, Herz und Kopf dazu zu bringen, zusammen zu arbeiten. In meinem Fall verkehren sie noch nicht mal auf freundschaftlicher Basis.

Woody Allan

Diese Dinge sind niemals geschehen, aber sie sind immer.

Salustos, Von den Göttern und von der Welt (zitiert nach Roberto Calasso)

Man kann alle Wirtschaftswissenschaft in vier Worten zusammenfassen: Menschen reagieren auf Anreize. Der Rest ist Kommentar.

Ein Bildungsökonom in einem Zeit-Interview.

Wahr sind allein die Empfindungen.

Ludwig Wittgenstein

Ich ging in mich – und rannte zwei Minuten später laut schreiend wieder hinaus.

Hardy Krüger

Keinem ist es je gelungen, sich selbst zu entrinnen, indem er weit übers Meer fuhr. Keinem ist es je gelungen, durch Streifzüge in die Wüsten der Mythologie oder Allegorie eine sterile Phantasie und ein eiskaltes Herz mit Bildern oder mit warmen Empfindungen zu bevölkern.

Johann Heinrich Füssli

Engel können fliegen, weil sie sich leicht nehmen.

Gilbert K. Chesterton

Der Tod löst alle unsere Probleme.

Ludwig Wittgenstein

Angesichts des Todes wirkt alles lächerlich.

Thomas Bernhard

Es kommt nicht darauf an, diese Welt zu verstehen, sondern sich in ihr zurecht zu finden.

Albert Einstein

Die Hölle, das sind die Anderen.

Jean Paul Sartre

Hohe moralische Maßstäbe legen wir besonders gerne an jenen Menschen an, die wir nicht leiden können.

Oscar Wilde

Es ist einfach ungeheuerlich, welche Gerüchte über einen in Umlauf gebracht werden, die sich im Nachhinein als wahr herausstellen.

Ders.

Versorgt mich mit Luxus, das Notwendige brauche ich nicht.

Ders.

Das Höchste, wozu sich ein schwacher Kopf von Erfahrung erheben kann, ist die Fertigkeit, die Schwächen besserer Menschen auszufinden.

Georg Christoph Lichtenberg

Diskussion: Eine Methode, andere in ihren Irrtümern zu bestärken.

Ambrose Bierce, aus dem Wörterbuch des Teufels

Willst du dass Gott lacht? Dann mache einen Plan.

Sprichwort

Die Natur will nichts, aber sie erreicht immer Etwas: wir wollen Etwas und ereichen immer etwas Anderes. Unsere „Absichten" sind nur „Zufälle".

Friedrich Nietzsche

Wohl zog ich den Schluss – nun aber zieht er mich.

Ders.

Die Wahrscheinlichkeit einer Veränderung im Patienten steigt mit dem Grad der Unvorhersehbarkeit des Verhaltens des Therapeuten.

Milton H. Erickson.

Was mich so sehr beunruhigt hat, war nicht, dass ich nicht wusste, was Frank im nächsten Augenblick tun wird, sondern dass ich nicht wusste, was ich im nächsten Augenblick tun werde.

Eine Patientin von Frank Farrelly

Frank ist der einfühlsamste bloody-fucking-bastard, der mir je untergekommen ist.

Ein anderer Patient von Frank Farrelly

Es ist alles erlaubt, was den Klienten nicht nachweislich schadet.

Frank Farrelly

Der Trickster: In ihm treffen sich die Wirkung des Befehls und der Verwandlung, und wie in keiner anderen menschlichen Figur, die man kennt, lässt sich von ihm das Wesen der Freiheit ablesen. Er beginnt als Häuptling, er erteilt Befehle und sie werden befolgt. Aber er führt den Gehorsam seiner Leute ad absurdum und wird sie so los. Er schüttelt alle ab, er zerstört Sitte, Gehorsam, sein Gefährt, seine Zaubermittel, schließlich seine Waffen, um sich ihrer zu entledigen, um ganz allein zu sein. Kaum ist er allein, kann er zu allen Wesen und Dingen sprechen. Er will sich isolieren und ist auf seine eigenen Verwandlungen aus.

Befreit von allen, die zu ihm gehören, macht er sich auf den Weg. Aber er hat keinen Weg. Er wandert ziellos umher und hat Gelüste. Er unterhält sich mit Teilen seines Körpers, die ein Eigenleben führen, seinem Hintern und seinem Glied. Er schneidet sich ins eigene Fleisch. Er isst von seinen eigenen Innereien, weiß nicht, woher sie stammen, sie schmecken ihm. Seine rechte Hand gerät in Streit mit seiner linken. Er ahmt alles falsch nach, findet sich nirgends zurecht, stellt lauter falsche Fragen, auf die er keine Antworten bekommt oder nur irreführende.

Er adoptiert, nicht um diese, sondern um sich zu ernähren, zwei winzige Kinder, und betreut sie so falsch, dass sie sterben müssen. Er richtet sich als Frau zurecht, mit falschen Brüsten und falscher Scham, heiratet den Sohn eines Häuptlings und wird mehrfach schwanger. Es gibt keine Umkehrung, die er den Menschen nicht vorführt.

Er legt Tiere und Leute herein, wenn er Hunger hat, aber er wird auch von ihnen hereingelegt, er ist nichts weniger als Held und Sieger.

In seiner Isolierung kann ihm alles geschehen, was es an Lebensmöglichkeiten gibt. Aber eben durch diese Isolierung verfehlt es seinen Zweck, wirkt sinnlos und ist so besonders belehrend.

Er ist der Vorläufer des Schelms, keine Zeit und keine Gesellschaft, die nicht ihren Schelm hervorbringen könnte, und immer wird er die Leute interessieren. Er belustigt sie, indem er ihnen alles durch Umkehrung verdeutlicht.

Seine Erlebnisse müssen aber zusammenhanglos bleiben. Jede innere Folge, jeder Zusammenhang, gäbe ihnen Sinn und müsste ihnen ihren Wert, nämlich ihre Freiheit nehmen.

Elias Canetti

Erleuchtende und ordnende Geister. Heraklit und Aristoteles als extreme Fälle.

Der erleuchtende Geist hat die Art des Blitzes, er bewegt sich über weiteste Strecken hin. Er lässt alles beiseite und geht auf ein Einziges los, das er nicht kennt, bevor er es erleuchtet. Seine Wirksamkeit beginnt damit, dass er einschlägt. Ohne ein Mindestmaß an Zerstörung, ohne Schrecken gewinnt er für den Menschen keine Gestalt. Die Erhellung allein ist zu unbegrenzt und zu formlos. Das Schicksal der neuen Erkenntnis hängt vom Ort des Einschlags ab. Für diesen Blitz ist der Mensch noch großenteils unberührte Erde.

Das Erleuchtete wird den Ordnern hinterlassen. Ihre Operationen sind so langsam wie die anderen rasch;

sie sind die Kartographen des Einschlags, dem sie misstrauen und trachten durch ihre Verrichtungen neue Einschläge zu verhüten.

Ders.

Das Intimste ist das Allgemeinste.

Frank Farrelly

Der Humor ist die kürzeste Brücke zwischen Menschen.

Sprichwort

Man muss im Leben mit allem rechnen – sogar mit dem Allerschönsten.

Sprichwort

Wir Menschen zeigen eine erstaunlich hohe Bereitschaft, vieles in den Krieg zu investieren. Wir gehen jedoch davon aus, dass der Friede umsonst zu sein hat oder dass dafür ausschließlich die gegnerische Seite aufkommen soll. Aus langjähriger Erfahrung als Mediator weiß ich jedoch, dass wechselseitiges Auflisten von Forderungen, Vorwürfen, Verletzungen, Schuldzuweisungen etc. nicht auf den Friedenspfad führt. Frieden ist vorerst kein „Win-Win-Geschäft", sondern ein „Pay-Pay-Geschäft". Nicht Festhalten, Loslassen ist angesagt, eine Kunst, die uns das Leben oft trotz unserer beharrlichen Weigerung lehrt.

Ed Watzke zu vielen seiner KlientInnen.

Friede ist, wenn Menschen im Stande sind, mit ihren Konflikten kreativ und konstruktiv umzugehen.

Johan Galtung

In der Liebe und im Krieg gibt es keine Regeln!

Sprichwort

Es geht nicht anders, aber so geht es auch nicht!

Bertold Brecht

Ich schreibe dir einen langen Brief, denn für einen kurzen habe ich zu wenig Zeit.

Blaise Pascal[8]

8 Pascal unterschied die *Logik der Vernunft* klar von der *Logik des Herzens.*

Wie nun? Ich bin. Aber ich habe mich nicht. Darum werden wir erst.

Ernst Bloch

Aus der empirischen, apollinischen Forschung über zwischenmenschliche Kommunikation wissen wir nun schon lange, dass die Parakommunikation, der Anteil an Körpersprache, Erscheinung, Inszenierung, Paralinguistik (der Ton macht die Musik) etwa 90% ausmachen, die Semantik, also die inhaltliche Bedeutung der Worte jedoch bloß plus/minus 10%. Nun gut ... wie – so frage ich mich und Sie – fließt diese Erkenntnis in unser professionelles Denken, Handeln, Verhalten, Lehren und Lernen als MediatorInnen ein? Mir scheint wir agieren meist vice versa: Wir verwenden ca. 90% unserer bewussten Energie/Aufmerksamkeit auf das, WAS wir mit Worten sagen und den kläglichen Rest auf die Parakommunikation, darauf, WIE wir kommunizieren.

Ed Watzke immer wieder in Workshops/Seminaren zu den TeilnehmerInnen.

Ich weiß nicht, ob es jemals eine Art künstlicher Intelligenz, eine Art Maschine oder Roboter geben wird, welche genauso denken kann wie wir Menschen. Ich bin aber überzeugt davon, gäbe es jemals eine solche Maschine und würde man diese fragen „Kannst du denken wie wir Menschen?“ würde ihre Antwort mit dem Satz beginnen: „Ich möchte dir eine Geschichte erzählen ... .“

Gregory Bateson

Das Leben ist ein Fragment.

Friedrich Nietzsche

Der Kot des Lebens, das Unverdauliche, gibt allemal noch einen guten Dünger für Weisheit ab.

Ders.

Sei dir einer Sache niemals absolut sicher.

Bertrand Russel

Habe keinen Respekt vor Autoritäten, denn es gibt immer eine Autorität, welche das Gegenteil behauptet.

Ders.

Scheue dich nicht, exzentrische Meinungen zu vertreten, denn alle heute allgemein akzeptierten Meinungen waren einst exzentrisch.

Ders.

Und jetzt, noch einmal, die Forderungen der Zauberer, von Heute, von Morgen, von Übermorgen:

Sich irren dürfen!
Verwirren dürfen!
Unlogisch handeln!

Sich lernend verwandeln!
Der Sehnsucht vertrauen!
Seltenes schauen!
Unbequem werden!
Feind sein der Herden!
Träume auch machen!
Wach sein und lachen!
Phantastischer leben!
Freiheit auch geben!

André Heller, aus dem Lied „Der Zauberer ist tot"

Mit diesem wunderbaren Lied sei nun das Kapitel über den subtilen Bereich – das Untergeflecht – abgeschlossen.

Kehren wir das gute Stück um und betrachten wir die *Metapherbrücke (MB)* auf der oberen Seite. Ich will nun versuchen, den Prozessablauf im Ganzen zu skizzieren, um dann in einem nächsten Schritt das Verfahren an Hand eines konkreten Falles zu illustrieren. *Was* ich als Mediator mit welcher Intention in diesem Prozess kommuniziere, ist relativ einfach zu erklären. Allerdings *wie* ich es tue, ist sehr schwierig bis unmöglich. Der Text, die schwarzen Zeichen auf weißem Untergrund – für mich eine stimmige Metapher aus der Welt der Musik – sind bloß eine Art Partitur, eine Notation, welche der Interpretation bedarf. Es bedarf eines erfahrenen und kundigen Musikers um aus einer Partitur *herauszulesen,* wie das Musikstück als Interpretation dann vielleicht klingen mag. Die Interpretation ist dann die hörbare Musik, welche aber letztlich im Inneren des Zuhörers *(LO)* jeweils unterschiedlich erlebt wird.

Ich hoffe und wünsche mir, dass mir die Notation, die Partitur der *Metapherbrücke* so gelingen möge, dass der Text von Ihnen, geneigter Leser/geneigte Leserin aufgenommen, verinnerlicht werden kann. Das Ziel meiner Partitur wäre erreicht, wenn dieser Text in Ihnen (Klang) Bilder, Vorstellungen, Ahnungen einer konkreten Interpretation wachruft. Noch schöner wäre es, wenn Sie nach dem Lesen der Partitur Lust bekämen, eine eigene Interpretation umzusetzen – sprich die Methode in eigener Praxis zu erproben. Wenig erfreulich wäre, wenn Sie zu einem ähnlichen Schluss gelangten wie *Stanislaw Lec:*

> *„Sein Gedanke war pure Lust, er hat niemanden befruchtet."*

Der Prozessablauf der Metapherbrücke (MB)

Ich versuche es mal möglichst kurz und einfach zu formulieren. Blättern wir zuvor noch zurück und betrachten die *Vier Quadranten.* Dem allseits bekannten *Phasenmodell* folgend beginnen wir in der *Phase Eins* rechts oben *(RO)* oben. Wir sammeln und analysieren Probleme, Fakten, Tatsachen, Ereignisse, Beobachtungen, empirische, positivistische Befunde, fragen nach Ursachen – wer hat was/wo/wie gesagt oder getan. Dann versuchen wir über unseren analytischen Befund mehr oder weniger kreativ die KlientInnen zu unterstützen, eigene Lösungsstrategien zu entwickeln und so eine einvernehmliche friedliche *Lösung* herbeizuführen – über die rechte Seite, auf *rechtsseitigen Wegen und Methoden* Frieden, sprich also eine Veränderung links oben *(LO)* – im Inneren der KlientInnen – zu bewirken.

Das ist wohl vernünftig und auch sinnvoll, wenn wir einen sachlichen Diskurs führen und Emotionen keine Rolle spielen, meiner Erfahrung nach jedoch kontraproduktiv, wenn wir Menschen in hocheskalierten, kriegsähnlichen Konflikten vor uns haben. Wenn Menschen sich innerlich in einem Kriegskontext erleben, gerät ihnen alles, was sie berichten, zu einer *Kriegsberichterstattung.* Alles wird instrumentalisiert, was geeignet erscheint, dem Gegner zu schaden bzw. eigenen Vorteil verheißt. Es geht um Sieg oder Niederlage. Das Kommunikationsmuster ist ein destruktives; worüber auch gesprochen wird, es wird Krieg geführt – wie bereits erwähnt, im Krieg wie in der Liebe gibt es keine Regeln.

Ich gehe im Prozess der *MB* den umgekehrten Weg: Der Quadrant *RO*, also die *Kriegsberichterstattung* wird vorerst ausgeklammert, zugedeckt. Deshalb nenne ich dieses Vorgehen auch *Verdeckte Mediation.* Meine Arbeitshypothese ist dabei: *Nicht die Vergangenheit, sondern die Zukunft bestimmt die Gegenwart.* Die konkreten Ereignisse während des Krieges, all die Schlachten, Scharmützel, Gefechte auf verschiedensten Kriegsschauplätzen, die Verletzungen, Kränkungen, Wunden und Schmerzen dürfen und sollen erst dann zum gemeinsamen Thema werden, wenn der Krieg beendet ist, die KlientInnen in ihrem Inneren *(LO)* einen Paradigmenwechsel vom Kriegskontext zum Friedenskontext, vom Kriegspfad zum Friedenspfad vollzogen haben. Und diesen Shift, diesen Wechsel können nur sie selbst in sich bewirken. Als Mediator biete ich meine Dienste an als Experte für Krieg und Frieden, als Guide und Begleiter auf dem Weg in Richtung Frieden. Ich weise den KlientInnen möglichst viele Wege in Richtung Frieden, gehen müssen sie aber selbst. Befinden und erleben sich dann die KlientInnen bereits in einem Friedenskontext, ist die *Phase Eins* der *MB: Peace now* beendet und wir können uns der *Phase Zwei* der *MB* zuwenden: *Frieden sichern.*

Nun ist der Diskurs über den – nun bereits der Vergangenheit angehörigen – Krieg ein völlig anderer. Jetzt erst ist es sinnvoll, Wunden und traumatische Verletzungen heilend zu behandeln, präventive und Frieden sichernde Maßnahmen/Vereinbarungen zu treffen.

Soweit gut und schön. Aber wie soll das denn möglich sein, wie vonstatten gehen?

Um es mit *Ken Wilber* zu sagen: Ich arbeite ausschließlich in den drei restlichen Quadranten, also *RU, LU,* also auf das Kollektive bezogen und *LO*, auf das Innere der KlientInnen zielend – nicht gänzlich, jedoch überwiegend auf *linksseitigen Wegen.*

Dabei leisten mir Sprüche, Witze, Geschichten und Metaphern, aber auch so manche empirischen, wissenschaftlichen Erkenntnisse gute Dienste, meinem ersten und obersten Ziel als Mediator nahe zu kommen: den KlientInnen (KL) geeignete, attraktive Angebote zu machen, in ihrem Inneren *(LO)* diesen Wandel, diesen Wechsel, diesen Shift vom Kriegspfad zum Friedenspfad zu vollziehen. Mein Bild dazu: Den in Feindschaft verstrickten Menschen auf ihrem verminten Schlachtfeld eine Brücke zu errichten/anzubieten, die sie über ihr Schlachtfeld hinweg trägt/führt auf einen Hügel des Friedens, von wo aus sie ohne Furcht und Bedrohung, aus heilsamer Distanz auf ihren Kriegsschauplatz herabblicken können.

Metapher bedeutet dem Wortsinn gemäß *darüber tragen.* Mythen, Geschichten, Metaphern etc. sind ein Bedeutungssystem zweiter Ordnung, welches über unser individuelles Bedeutungssystem gelegt/getragen wird. Und weil Mythen und Metaphern mehrdeutig sind – darin sind sie dem Orakel verwandt –, sind sie so vielseitig einsetzbar, tragen zu einer ganzheitlichen Orientierung *LO* bei, sind dabei schonend, weil nicht verletzend. Die ZuhörerInnen entscheiden jeweils selbst – bewusst und unbewusst –, ob und wie sie die Metapher/die Geschichte/den Mythos selbstreferentiell auf ihr individuelles Leben, ihre aktuelle Situation beziehen. *Deshalb sind Metaphern klüger als der Erzähler.* Die Rhetorik des Unbewussten, des Primärprozesses, des Herzens, des Bauches spielt sich im Symbolischen, Bildhaften ab.

Also wohlan! Bedienen wir uns dieser Rhetorik, wenn wir Menschen dort erreichen wollen. Im Warteraum sitzen Menschen im Kriegskontext verstrickt, die sich vorerst gar nicht vorstellen können, was sie in der Mediation erwartet. Das ist schon mal eine gute Ausgangssituation.

Die Metapherbrücke – Phase Eins: Peace now!

1. Schritt: Beziehung schaffen

Dies geschieht spontan und immer, wenn Menschen einander begegnen. Überwiegend unbewusst, weniger darüber, *was* wir in Worten zu den Menschen sprechen, sondern *wie*. Über Körpersprache, Gestik, Mimik, Lächeln, Blickkontakt, Paralinguistik, Höhe und Tiefe der Stimmlage, Melodik und Rhythmus des Gesprochenen, also über die so genannte *Parakommunikation*. Ich begegne meine KlientInnen – so gut ich es eben kann – wie lieben, guten Freunden, mit offener Körpersprache und offenem Herzen, umwerbe sie, bin humorvoll, charmant, galant, kumpelhaft, jovial etc. Begrüßung, Händeschütteln, Blickkontakt, Smalltalk ... Es geht vorerst darum, die KlientInnen für eine Kooperation zu gewinnen, Kontakt mit ihrem Inneren aufzunehmen, ein Sympathiefeld zu erzeugen, Vertrauen zu wecken und aufzubauen.

Wenn man die Menschen nicht lieben und ihnen diese Liebe nicht zeigen/vermitteln kann, sollte man von der Arbeit mit Menschen lassen. Ich weiß, ich weiß, bei manchen Menschen fällt das Lieben erst mal schwer, weil sie uns vorerst ihre Schattenseite (manchmal ist das auch unsere eigene, die wir an uns nicht mögen oder sogar verdrängt halten) zeigen. In diesem Fall begebe ich mich auf die Suche nach ihrer Sonnenseite.

2. Schritt: Einführung der Metapher »Krieg/Frieden« und der »Wegkreuzung Kriegspfad/Friedenspfad«

Die KlientInnen haben nun ihren Platz eingenommen, und ich habe mich vorerst bemüht, trotz widriger Umstände möglichst viel zu ihrem Wohlbefinden beizutragen. Ich fordere sie nun auf, sich zurückzulehnen, es sich in ihrem Stuhl so bequem wie möglich zu machen und mir erst einmal in aller Ruhe zuzuhören. *„Sie befinden sich bedauernswerter Weise in einem kriegsähnlichen Zustand ...“* Dabei bleibe ich auf allgemeiner kollektiver Ebene (im Quadranten *LU, RU*), rede ganz allgemein über uns Menschen in Kriegen, über Muster, Prozessabläufe, allerlei destruktiven und schmerzhaften Begleiterscheinungen des Krieges ... sowie über Genüsse, Freuden und Wohltaten, die uns der Friede beschert.

Dabei bemühe ich mich um eine *Mehrebenen-Kommunikation.*[9] Ich spreche zu Hirn, Herz und Bauch, appelliere an die Vernunft, aber mehr noch an das innere Empfinden, Fühlen, ans Gemüt *(LO)* mit verschiedenen (multisensorischen) Sprachen. Meine Sprache ist reich an Bildern, sowohl die Freuden des Friedens als auch das Übel des Krieges sollen bei meiner Schilderung zu fühlen, zu hören, zu riechen, zu schmecken sein; in inneren Bildern, imaginierten Szenarien erlebt werden. Zugleich bekommen sie von mir jede Menge Empathie für alle ihre Gefühle, Wunden und Verletzungen – Begleiterscheinungen des Krieges. Meine Stimme sollte dabei möglichst angenehm, sonor, rhythmisch melodiös erklingen, das Tempo im *Largo* bis *Andante,* immer wieder kleine Pausen dazwischen, reich an ein klein wenig tiefer

9 Vgl. Milton H. Erickson

intonierten wohltuenden Adjektiven.[10] Etwa wie bei einem guten Märchenerzähler oder ähnlich einer *Trance-Induktion.* Denn sachliche, logisch abstakte Sprache und ebensolches Sprechen richtet sich an die linke Hirnhälfte, ist jedoch ungeeignet, um die Menschen tiefer gehend in ihrem Fühlen und empfinden zu berühren. Wenn es Ihnen gelingt, die KlientInnen in eine leichte Trance zu versetzen, haben Sie schon viel erreicht. Nun können Metaphern, Geschichten tiefenwirksam werden und so oft Veränderungen in ihrem Inneren *(LO)* bewirken, die sich diese noch eine Stunde zuvor selbst gar nicht vorstellen konnten.

So also (körper)sprechend gebe ich als Mediator vorerst das Thema vor: Krieg/Frieden.

Im Hier und Jetzt befinden Sie sich auf einer Wegkreuzung. Sie kommen/befinden sich auf dem Kriegspfad, in einem kriegsähnlichen Zustand ... wie auch immer, Sie stehen jetzt vor der Entscheidung, ob Sie in Zukunft – und die beginnt immer jetzt – so weitermachen/leben wollen wie bisher oder mit meiner Unterstützung vom Kriegspfad auf den Friedenspfad wechseln wollen. Dies ist eine schwierige Sache, zum Frieden führt jedoch ein Weg, den Sie vielleicht jetzt gar nicht wahrnehmen können. Wenn Sie mir beide vertrauen ..., will ich gerne mit Herz und Hirn mit Ihnen gemeinsam versuchen, auf den Pfad in Richtung Frieden zu gelangen. Meine Bereitschaft, mein Angebot gilt. An Sie stelle ich nun – das ist der erste Schritt – die Frage:

10 Vgl. ders., *Einstreutechnik*

3. Schritt: Friedensbereitschaft abklären

Wollen Sie einen Versuch starten? Sind Sie in Ihrem Innersten dazu bereit? Ist Ihnen der Frieden wirklich wichtig?

Wenn an dieser Stelle – und das ist meistens so – die ersten Ausflüchte, Ablenkungsmanöver, Rationalisierungen, Exkurse in die *Kriegsberichterstattung* etc. kommen – die KlientInnen befinden sich und agieren daher noch im Kriegskontext – dann folgt:

3.a Schritt: Kriegspfad abschneiden – zurück zu 3

Mit Engelsgeduld, viel Empathie, noch eleganter mit Humor und *Provokativem Stil*, gewürzt mit Sprüchen, Witzen, kurzen Geschichten, aber unerbittlich in der Richtung, führe ich die KlientInnen (*pacing and leading*) zurück zu Schritt 3, zur Frage: *Ist es Ihr wahrer Wille, den Friedenspfad zu beschreiten?* Ich bleibe hartnäckig, gehe auf kein anderes Thema ein. Die KlientInnen verfügen oft über erstaunlich kreative Strategien, dieser Antwort auszuweichen. Was immer sie auch versuchen, ich lasse sie nicht entkommen.

Ich bemühe mich, diese Phase *(Provokativer Stil)* zu einem eher lustvollen Duell zwischen uns geraten zu lassen. Nach mehreren versuchten Ausweichmanövern des/der KL wende ich mich ganz ihm/ihr zu, blicke ihm/ihr tief ins Auge und sage mit Lächeln und Augenzwinkern etwa: *Ich bewundere Sie* – kleine Pause und Ankündigung einer Bewunderung verschafft hohe Aufmerksamkeit – *Sie sollten in die Politik gehen, mit diesem Talent, einer Frage auszuweichen, könnten Sie dort eine große Karriere machen!*

Zu oft bin ich in früheren Zeiten mit den KL viele mühsame leere Kilometer gelaufen oder mit *Georg Christoph Lichtenberg: „Auf dieser Leimrute habe ich auch schon viele Federn gelassen.*" Oft ist es an diesem Punkt hilfreich, den KL Zeit zu geben, um diesen tiefen, inneren Entschluss zu fassen, in Hirn, Herz und Bauch. Dabei ist dann oftmals der Schritt 3b sehr hilfreich.

3.b Schritt: Pause als Intervention

Die KL werden mit dem Auftrag in eine Pause entlassen, eine Runde in sich selbst zu drehen. In jeder Partei muss zu allererst diese Bereitschaft zum Frieden – wenigstens ein gewisser Wille dazu – vorhanden sein. Wunderbar, wenn sich bereits eine Kriegsmüdigkeit breitgemacht hat oder gar schon eine Friedenssehnsucht aufkeimt. Solche *Pausen* währen je nach KL verschieden lang, meist reichen etwa 10 Minuten. Wenn es notwendig erscheint, gewähre ich ihnen auch eine Woche oder zwei. Die *Pause mit Auftrag als Intervention* wende ich im weiteren Prozedere immer wieder und gerne an, wenn es darum geht, in den KL eine Entscheidung *heranreifen* zu lassen. Der Bauch ist um vieles langsamer als das Hirn, sitzt viel tiefer, seine Entscheidungen haben aber auch ein ganz anderes Gewicht. Wir gehen davon aus, wir sind mit den KL bei Schritt 3 erfolgreich ans Ende gelangt.

4. Schritt: Testen der Friedensbereitschaft – der erste kleine Schritt in Richtung Frieden

Von wegen Federn auf der Leimrute und leere Kilometer: Manche KL kommunizieren ihre Friedensbereitschaft klar und unmissverständlich, manche sprechen dabei Worte, die sie sich selbst nicht glauben, manche sind wunderbare Blender, Meister im Tarnen und Täuschen (eine wichtige Kriegskunst); viele sind noch immer ambivalent, sagen „ja“, meinen „jein“. Mit Schritt 4 habe ich in den Prozessablauf einen Testfilter eingebaut, eine Probe aufs Exempel. Dieser Schritt ist eigentlich der Knack- und Wendepunkt. Er dauert bei sehr verhärteten Kriegen lange. Ich bringe in einer Mediationssitzung häufig etwa eine Stunde damit zu – meist mit Geschichten und nachfolgenden Pauseninterventionen durchwoben. Nicht bloß im Leben, auch als Mediator habe ich lange Jahre viel zu viel gearbeitet/mich abgemüht, *weil* ich an entscheidenden Punkten eben keine Pausen setzte.

Also: Zunächst bekommen die KL einen großen Batzen wohlwollende Anerkennung für ihren nun wohlüberlegten Entschluss, den Kriegspfad zu verlassen und sich auf den Friedenspfad zu begeben. Sodann werden sie darauf eingestimmt und aufgefordert, einen ersten kleinen Schritt in Richtung Frieden zu tun, eine symbolische Anzahlung zu leisten; also vorerst *pay-pay*, nicht *win-win*, denn der Friede ist ein kostbares Gut und daher leider, leider nicht umsonst zu haben. Ausschließlich die Richtung, nicht die Größe des Schrittes ist von Bedeutung. Gelingt dies, ist zumeist das Eis gebrochen; der Musterwechsel vollzogen und ein konstruktives Gesprächsklima bereits im Entstehen begriffen.

Was denn nun ein solcher erster Schritt sei, fragen die KL zumeist. Sie sitzen vor einer *tabula rasa*. Mattscheibe – es fällt ihnen erst mal gar nichts dazu ein. Es geht dabei vorerst nicht um Zugeständnisse oder Kompromisse auf der Sachebene, sondern um die Beziehungsebene, um einen eigenen Beitrag zu einem neuen Kommunikationsstil, zu einem konstruktiven Diskurs/Dialog, nicht um die sozialen Störungen, sondern um einen anderen Umgang, nicht etwa um die Hausordnung, sondern um eine

Hausordnung *zweiter Ordnung.* Wie hätten wir in der Vergangenheit anders agieren können? Wie gehen wir in Zukunft (mit zu erwartenden) Störungen um?

Es geht um Anerkennung von Grundbedürfnissen, um Wertschätzung der Personen, gegenseitigen Respekt, um Eingeständnis eigener Übeltaten, eigener illegitimer Forderungen, Bereitschaft zu verzeihen und um Verzeihung zu bitten ... Schritte also in Richtung Versöhnung und (Wieder)erlernen eines friedlichen Umgangs miteinander.

Die Messlatte: Als erster kleiner Schritt in Richtung Frieden gilt ein solcher, der von allen Beteiligten am Gespräch auch als solcher wahrgenommen und anerkannt wird. Hier tut es not genau nachzufragen.

Ich gebe den KL dabei viel an Unterstützung, indem ich immer auf der kollektiven, allgemeinen Ebene, Beispiele aufzeige, was Menschen auf diesem Planeten in verschiedenen Kollektiven, Epochen, Kulturen und Subkulturen etc. unternahmen/tun, wenn sie wirklich Frieden schließen wollten/wollen. Ich streue möglichst viele Angebote aus. An die Kreativität der KL appelliert man an dieser Stelle zumeist vergebens. Hilfreich erweist sich oft diese Intervention:

Logisch betrachtet ist es ganz einfach: Sie haben Krieg geführt und wollen nun Frieden schließen. Machen Sie einfach das Gegenteil; in Kriegen verletzen sich Menschen, beschimpfen sich, werten sich ab, verleumden, bedrohen und misstrauen einander; fügen sich Schaden zu, spinnen böse Intrigen, missachten menschliche Grundbedürfnisse, erheben illegitime Forderungen, suchen und finden Schuld ausschließlich beim anderen, nie bei sich selbst ... ihre Blicke sind frostig, ihre Herzen hart, ohne Mitgefühl, Sie hören einander nicht zu, schreien laut und schrill, stellen einander keine echten Fragen, investieren viel in Waffen, Rüstung, Gerichts- und Anwaltskosten ... Aber „wem geh ich erzählen?" Sie kennen das besser als ich. Also, logisch betrachtet ganz einfach, suchen Sie sich aus der ganzen Palette etwas aus, was Sie hier und jetzt umkehren können. Nun? Wer von Ihnen möchte das Privileg für sich in Anspruch nehmen, den ersten Schritt in Richtung Frieden getan zu haben?

Allerdings geht es hier nicht um formale Logik, sondern um die Logik des Herzens, um einen Paradigmenwechsel in der Haltung; um Entwicklungs- und Reifungsprozesse im Inneren der KL *(LO)*.

5. Schritt: Der »Slowtalk« – (Wieder)erlernen eines konstruktiven Dialoges

Wunderbar. Wenn wir hier angelangt sind, ist sehr viel erreicht. Die KL befinden sich bereits im Friedenskontext, haben Wohltuendes gegeben und erhalten, bereits einiges in den Frieden investiert und Vertrauen entwickelt. Der Friede ist allerdings noch ein zartes Pflänzchen und bedarf der behutsamen Pflege. Zur Erinnerung: Wir betreiben bis hier her im Wesentlichen immer noch *Verdeckte Mediation,* der Quadrant *RO*, die konkrete Kriegsgeschichte aus der Sicht der KL bleibt noch verdeckt. Dies zum Thema werden zu lassen, ist erst dann sinnvoll, wenn die KL mit ihren Differenzen bereits konstruktiv umgehen; eine solche Umgehensweise (wieder)gelernt haben und diese auch anstreben. Bis es soweit ist, muss der neue Kommunikationsstil, der friedliche Dialog, noch ein wenig geübt werden. Auf den *ersten Schritt* von vorhin sollen nun noch einige weitere folgen. Diese ersten Gehversuche sind mühsam, aber fruchtbringend. Es ist nämlich davon auszugehen, dass zwischen den KL auf Grund ihrer gemeinsamen kriegerischen Vorgeschichte das Missverstehen die Regel und das Verstehen die Ausnahme ist. Wir kennen das Muster nur zu gut: Sie sagen nicht, was sie meinen, sie meinen nicht, was sie sagen; sie sprechen nicht von sich *(LO, Ich-Botschaften),* sondern über die/den anderen *(RO, Du-Botschaften);* eine Suada/ Spirale aus Vorwürfen, Schuldzuweisungen, Rechtfertigungen, Unterstellungen, Missinterpretationen, sich gegenseitig auflistend/überstülpend/an den Kopf werfend.

Slowtalk ist Kommunikation im Zeitraffer. Wir trainieren quasi die Umkehrung des destruktiven Stils, und zwar in ganz kleinen Einheiten, Schritt für Schritt, Satz für Satz. Mit dem Mandat der KL, welches ich mir bei Ankündigung dieser Übung von den KL einhole, geleite ich sie durch den Prozess. Die Übung macht oft auch richtig Spaß, wenn es gelingt, sie mit Humor und einem gewissen sportlichen Ehrgeiz zu betreiben.

Die Spielregeln des »Slowtalk«

Es werden abwechselnd Botschaften kommuniziert. Wenn die Entscheidung, wer beginnen soll, schwer fällt, werfen Sie eine Münze. Die Spieler kündigen beim Spielleiter an, welche Art von Botschaft sie übermitteln wollen – eine Frage, eine Ich-Botschaft, eine Information, eine Wertschätzung – ein konstruktiver Beitrag in Richtung Frieden. Der Inhalt der Botschaft ist mit einer wichtigen Einschränkung dem Spieler überlassen: Gesprächsinhalte, die noch offene oder nicht verheilte Wunden berühren, sind vorerst Tabu.

Gesprochen wird tunlichst in einzelnen, einfachen Sätzen. Der Spielleiter überprüft, ob und wie die Botschaft von A bei B angekommen ist. Hat es geklappt im Sinne eines gemeinsamen Verstehens und eines konstruktiven Dialogs, antwortet B wiederum mit einem Satz, den der Spieleiter aufs Neue einem Check unterzieht usw. Kommt eine Botschaft als Kränkung, Vorwurf, Schuldzuweisung und/oder Rechtfertigung an, wird der Sender vom Spielleiter aufgefordert, es noch mal anders zu versuchen.

Das klingt hier vielleicht komplizierter als es in der Praxis ist. Mein Tipp: einfach mal ausprobieren. Wichtig dabei ist, dass der Spielleiter ressourcenorientiert interveniert, die positiven, wohltuenden Empfindungen, Gefühle anspricht und verstärkt, die in den KL ausgelöst werden, wenn Wertschätzung, Anerkennung, Dank und ähnliches vermittelt wird.

Der *Slowtalk* macht so den KL deutlich, wie die Eskalationsspirale funktioniert, gestoppt werden kann und wie konstruktiver Dialog gelingt. Ziel dieser Übung, des gesamten Verfahrens, ist, dass ich als Mediator überflüssig werde, weil die KL den Willen und die Fähigkeit erworben haben, ihre Differenzen/Konflikte konstruktiv, friedlich auszutragen. Dabei, aber auch in allen anderen Phasen des Mediationsprozesses, müssen wir damit rechnen, dass die KL wieder in ihr altes eingefahrenes Muster zurückfallen und wieder mehr oder weniger heftig an der Eskalationsspirale drehen. In solchen Situationen empfehle ich folgende Interventionen.

5.A Rückfall in das Kriegsmuster. Was nun?

Wenn es also wieder losgeht, der Krieg wieder aufflammt, die Giftpfeile wieder in den Bogen gespannt und abgeschossen werden, dann hüte ich mich davor, auf die vermeintlichen Inhalte, Interessen und Positionen Bezug zu nehmen, es sei denn in der Art eines Tricksters, clownesk, paradox, absurd, mit Lächeln und Augenzwinkern (siehe *Provokativer Stil).* Allerdings: Gelungen ist ein Scherz nur dann, wenn die KL (mit mir) über ihr Problem, ihren Konflikt, über sich selbst lachen.[11] Jetzt geht es zu allererst mal bloß um eines: die auflodernden Flamen zu löschen, die emotionalen Wogen zu glätten, den KL (wieder) zu Distanz, zu Reorientierung zu verhelfen, zu dissoziieren.

Ich unterbreche vorerst das Gefecht, spreche sodann betont langsam, *largo* bis *andante,* bemühe mich um ein *cool down,* bringe ihnen Empathie für ihre Gefühle entgegen (*pacing* und *leading*). Wenn wieder einigermaßen Ruhe eingekehrt ist und die KL wieder ansprechbar/empfangsbereit sind, betreibe ich *Metakommunikation.* Ihr Kommunikationsmuster wird zum Thema gemacht. Dem Rückfall – so ärgerlich er auch von den KL erlebt wurde – messe ich nur geringe Bedeutung zu. Hier einige der vielen Möglichkeiten, an dieser Stelle zu intervenieren.

11 Vgl. Frank Farelly, *Provokativer Stil*

- *Ja, das kommt immer wieder mal vor; das geht gar nicht anders, Sie sind noch wenig geübt im Wandeln auf dem Friedenspfad. Ich ersuche Sie, mir erst mal drei Fragen zu beantworten.*
  Frage eins: *Ist Ihnen der Friede noch immer ein wichtiges Anliegen?* [Wenn *Ja* dann ...]
  Frage zwei: *Glauben Sie, dass Sie in diesem Kommunikationsstil von vorhin Ihrem Ziel näher kommen?* [Wenn Antwort *Nein,* dann ...]
  Frage drei: *Was könnte Ihr Beitrag sein, damit sich das Gesprächsklima wieder verbessert?*
  Somit sind wir über eine Schleife wieder zu den kleinen Schritten in Richtung Frieden zurückgekehrt. Der Rückfall entpuppt sich dann oft als Vorfall, als Teil des Kommunikationstrainings, und kann so positiv interpretiert/utilisiert werden.[12]
- *Metaphern, Sprüche, Sprichwörter, Zitate – Sonden setzen.*
- *Weg von den individuellen hin zu den kollektiven Quadranten, verallgemeinern, erzählen, was Menschen in kriegsähnlichen Situationen tun und erleben – in verschiedenen Epochen, in diversen Ländern und Kulturen.*
- *Den individuellen Umgang mit solcherlei Gefühlen ganz allgemein thematisieren.*
- *Storytelling, eine Geschichte als eine Art Pausenfüller ankündigen und erzählen.*
- *Eine Pause als Intervention.*
- *Klar, direkt und bestimmt das Scheitern der Mediation ausrufen. „Das Match abpfeifen" –, um dann in multisensorischer Sprache in fiktiven Szenarien kommende*

12 Vgl. Milton H. Erickson, *Utilisation*

Schlachten und die üblen Begleiterscheinungen der anstehenden Fortführung des Krieges auszumalen.
- *Den „Warum-Diskurs" abschneiden und durch den „Wohin-führt-das-Verharren-im-Kriegskontext-Diskurs" ersetzen.*

Haben Sie eine Brücke von Herz zu Herz geschlagen und steht Ihnen Humor und *Provokativer Stil* zu Verfügung, eröffnen sich Ihnen eine Vielzahl von Interventionen. Allerdings immer vorausgesetzt, Sie können als Trickster, als clownesker Provokateur mit Lächeln und Augenzwinkern die Menschen über sich selbst zum Lachen bringen:

- *Bewundern Sie Ihre KlientInnen. Was immer sie sagen, kleiden Sie es in Bewunderung. Bewundern Sie ihre Ausdauer, ihre Verbissenheit, ihren Kriegsmut, ihren Verzicht auf ein friedliches Leben, ihre Fähigkeiten so inbrünstig zu hassen, ihre Verschwendung von Nerven, Geld und Energie etc.*
- *Fordern Sie Ihre KL paradox dazu auf, mehr desselben zu tun. Sich noch mehr im Kriegführen zu perfektionieren, auf keinen Fall nachzugeben, loszulassen (siehe Symptom-Verschreibung).*
- *Spielen Sie den advocatus diaboli, kriechen Sie in die geheimen inneren Gedanken, Gefühle und Empfindungen Ihrer KL, sprechen Sie diese maßlos übertrieben an und aus. Verbünden Sie sich mit dem Teufel in Ihren KL, um dem Engel eine Chance zu geben hervorzukommen.*
- *Ein ganz anderes Thema anschlagen; ablenken, den Kontext wechseln.*
- *Spielen Sie den Trickster, betreiben Sie kühnstes Reframing und radikale Um- und Verkehrung aller Perspektiven. Stellen Sie die Vorteile des Krieges über alles,*

verniedlichen Sie dessen negative Risiken und Auswirkungen. Mit dem Frieden verfahren Sie vice versa: Sie maximieren/übertreiben die Nachteile des Friedens und minimieren dessen Segen spendende, wohltuende Seiten.

- *Erzählen Sie maßgeschneiderte Fallgeschichten von ähnlich gelagerten Konflikten, wo die KL doch noch Frieden geschlossen haben. Fügen Sie jedoch sofort danach hinzu, dass solches heute, hier und jetzt wohl unmöglich sei.*
- *Bewirken Sie durch Ihr Verhalten bei den KL erst mal Irritation, Konfusion, werfen Sie sie aus den gewohnten Bahnen, ihren festgefahrenen Denk- und Verhaltensmustern.*
- *Folgen Sie Ihrer Intuition, was immer sie Ihnen auch eingeben mag; vermeiden Sie bloß eines: sich mit Ihren KL auf die so genannte Sachebene, den semantischen Gehalt der gefallenen Worte/Inhalte zu beziehen. Die würde bedeuten, dass Sie sich mit dem verschwindend geringen Anteil von wenigen Prozenten herumschlagen, wo es doch zumeist um ganz anderes geht.*

Die Metapherbrücke – Phase Zwei: Frieden sichern

Die KL sind nun im Friedenskontext angekommen, haben ihre innere Haltung, ihre Beziehung zu einander positiv verändert – ihre Wahrnehmungen und Sichtweisen. Sie sind auf dem Friedenspfad ein gutes Stück vorangekommen, der Krieg und die Schlachten sind nun Vergangenheit, wenn auch noch nicht ganz bewältigt. Sie haben beispielhaft erfahren und gelernt, anders, konstruktiv miteinander und mit Störungen umzugehen.

Nun ist es an der Zeit, friedenssichernde Maßnahmen zum Thema vorzunehmen; die Kriegsgeschichte aufzuarbeiten. Aus der nun wirksam werdenden Distanz, vom Frieden aus betrachtet, erscheint der zurückliegende Krieg in einem ganz anderen Licht. Die Bedeutungen, welche die KL den Kriegsereignissen zumessen, haben sich – oft radikal – verändert. Dinge, die im Kriegskontext ungeheuer wichtig erschienen, werden nun aus der Sicht der KL im Friedenskontext nahezu bedeutungslos und umgekehrt.

So werden im Kriegskontext alle nur erdenklichen Verletzungen, Kränkungen, materiellen wie immateriellen Kriegsschäden von den Parteien meist sorgsam gesammelt, aufgelistet, gegengerechnet, um strategisch instrumentalisiert zu werden. Sie sind in der ideologischen Kriegsführung als moralisches Unterfutter unverzichtbar, um die vergangenen und künftigen eigenen Attacken zu rechtfertigen. In symmetrischen Eskalationsdynamiken bemühen sich beide Seiten darum, mehr Opfer zu sein. Ich erinnere mich oft an die Rechtfertigung eines Nachbarn, der seinen Feind vor vielen Zeugen durch einen Faustschlag in einem eskalierten Streit verletzt hatte: *Ja, es stimmt, ich gebe zu, auf ihn hingeschlagen zu haben ... aber es war nur eine vorgezogene Revanche!*

Nun jedoch, in *Phase Zwei* ist alles anders. Der vierte Quadrant – der konkrete Kriegsverlauf – kann nun zum Thema werden. Allerdings unter dem Aspekt, den Frieden zu vertiefen und möglichst nachhaltig zu sichern. In *Phase Zwei* sind also vorerst drei Komplexe gemeinsam mit den KL zu klären:

1. *Kriegsschäden beheben, innere/emotionale Wunden/Verletzungen heilend behandeln, materielle Schäden ausgleichen*
2. *präventive Maßnahmen/Veränderungen die Zukunft betreffend*
3. *Welche dieser Aufgaben können die KlientInnen nunmehr in gemeinsamer Verantwortung allein unter sich lösen? Wozu bedarf es noch der Dienste der Mediation?*

Meine Erfahrung aus der Praxis ist diese: Viele Streitpunkte haben sich verflüchtigt, sind unbedeutend geworden. Materieller Schadensausgleich wird nun ohne Mühe, weil einvernehmlich vereinbart. Oft regeln die KlientInnen diese Angelegenheiten ohne meine Mithilfe in einer Pause oder während ich mit Getränken oder anderem für ihr Wohlbefinden sorge.

Präventive Maßnahmen für ein zukünftiges Miteinander sollten vor ihrer verbindlichen Vereinbarung einem Realitätscheck unterzogen und auf ihre Praxistauglichkeit überprüft werden.

Ganz anders bei den psychischen, inneren Verletzungen *(LO);* frage ich nach diesen, so erhalte ich zwei typische Antworten. Die eine lautet etwa so:

> *Nein danke, kein Bedarf, ich/wir habe(n) jetzt endlich Frieden geschlossen und wollen einen Schlussstrich darunter ziehen. Wir haben beide unseren Anteil zum Krieg beigetragen, das wiegt sich auf ... das ist für mich/uns jetzt nicht mehr wichtig, wir verzeihen uns gegenseitig. Wenn wir damit wieder anfangen, besteht die Gefahr, dass wir wieder ins alte Muster zurückfallen und das wollen wir jetzt vermeiden.*

Eine so oder ähnlich formulierte Generalamnestie weist darauf hin, dass der Krieg, bei dem/der/den KL zwar viele kleine Wunden und Blessuren, Ärgernisse und Widrigkeiten mit sich brachte, diese aber entweder längst verheilt oder angesichts des gewonnenen Friedens ohne Bedeutung sind.

Die Antwort *Typ Zwei* lautet etwa so:

> *Unter vieles kann ich einen Schlussstrich ziehen, kann ich dir verzeihen, ist für mich jetzt nicht mehr wichtig ... aber da ist diese eine Geschichte/tiefe Verletzung/ schwerwiegende Kränkung* – meist ist es tatsächlich eine, selten mehrere – *die schmerzt noch immer/ kann ich dir noch nicht verzeihen ...*

Eine solche Antwort weist eindeutig auf eine tiefere, schwerwiegendere Verletzung hin. Die Behandlung solcher Wunden ist für eine nachhaltige Friedenssicherung eine *conditio sine qua non.* Friede hält nicht ohne Versöhnung. Dabei ist – Ausnahmen bestätigen die Regel – Hilfe von außen dringend geboten. Sollte dies – aus welchen Gründen auch immer – im Rahmen der Mediation nicht möglich sein, ist es dennoch notwendig und wichtig, zumindest die Umstände der Heilbehandlung abzuklären. Wer kann und soll was dazu beitragen? Welche Ressourcen stehen zur Verfügung?

Die heilende Behandlung von seelischen Wunden ist wohl ab einer gewissen Tiefe und Schwere eine Sache der psychotherapeutischen Zunft. Mediation ist kein geeignetes Instrument, um Menschen in schweren (Lebens) Krisen zu helfen und keines, um psychisch erkrankte Menschen zu behandeln – auch wenn wir immer wieder solchen begegnen.

Im folgenden Abschnitt spreche ich vom Umgang mit Verletzungen, die aus eskalierten Konfliktsituationen stammen. Solche schmerzliche Erfahrung machen wohl alle Menschen hin und wieder im Laufe ihres Lebens. In lange währenden Konfliktfällen – wie im Leben insgesamt – sind wir Menschen mal in der einen, mal in der anderen Rolle; mal verletzten wir, mal werden wir verletzt/gekränkt. Entscheidend für unsere Zukunft ist, ob und was wir daraus lernen. Der folgende Leitfaden soll dabei behilflich sein.

Schritte auf dem Weg zur Versöhnung

Die Person, welche die Verletzung verursacht hat, sei mit A bezeichnet, die verletzte Person mit B. Ich setze voraus, dass A und B sich auf den Versöhnungsprozess einlassen wollen und auch emotional dazu in der Lage sind.

Wir haben es hier mit Innenleben, Gefühlen und Empfindungen *(LO)* zu tun. Um die KL auf dieser Ebene zu erreichen, müssen wir die dafür geeignete Sprechweise verwenden *(Slowtalk).* Ich verwende vorerst ganz allgemein die Metapher der körperlichen Wunde, auch wenn es um seelische Verletzungen geht. Jeder Mensch hat solche oft schon auf eigener Haut gehabt/verspürt und den Heilungsprozess am eigenen Leib miterlebt/beobachtet. Es ist empirisch belegt, dass seelische Verletzungen mit gleichzeitig erfolgter körperlicher Verwundung rascher und besser verheilen. Der körperliche, sinnlich wahrnehmbare Heilungsprozess verschmilzt sozusagen mit dem seelischen. Wir alle tragen Bilder von offenen, heilenden und verheilten, vernarbten Wunden in uns.

Zunächst ist es für beide und den Versöhnungsprozess sehr hilfreich, zwischen der *Intention/Absicht* des Verletzenden und den *Folgen/Auswirkungen* beim Verletzten klar zu trennen. Viele Verletzungen/Kränkungen entstehen nicht in bewusster Absicht; sie werden aber auf Seiten des Verletzten oft so interpretiert. Oft erfährt A nicht einmal, dass und/oder wodurch die Verletzung verursacht wurde.

Die Versöhnung ist eine Sache des Herzens, der Gefühle und gelingt nur, wenn sich A und B darauf einlassen. Damit B überhaupt das Verzeihen gelingen kann, muss A erst einmal einige Vorleistung erbringen und zwar in dieser Abfolge.

- *A muss sich zu der Verletzung, die er B zugefügt hat, bekennen.*
- *A muss B klar und eindeutig mitteilen, das dies ein Unrecht/Übel war und ist.*
- *A muss B gegenüber glaubwürdig seine wirklich empfundene Reue vermitteln.*

- *Weiter ist es an A, B sein Mitgefühl/Empathie für den erlittenen Schmerz zu zeigen.*
- *A muss darüber hinaus Bereitschaft zeigen, zur Heilung der Wunde beizutragen; etwas zu tun, um B das Verzeihen zu erleichtern, Schaden gutzumachen/auszugleichen.*
- *Schließlich – und dies ist oft für A das Schwierigste – muss A fähig sein, B glaubhaft um Verzeihung zu bitten.*

Erst wenn A gelungen ist, diese Botschaften von Herz zu Herz – von Mund zu Ohr nützt da gar nichts – glaubwürdig zu vermitteln und diese auch in das Herz von B Eingang gefunden haben, erst dann ist B das Verzeihen möglich. Ist B dazu im Stande, dann ist Versöhnung gelungen und damit ein entscheidender Beitrag zur Friedenssicherung.

Auch wenn es um mehrere Verletzungen/Kränkungen auf beiden Seiten geht, kann nur jeweils *ausschließlich eine Wunde behandelt* werden; im ausgewogenen Wechsel, aber eine nach der anderen. Wie du mir, so ich dir ...

Die KL durch diesen Versöhnungsprozess zu coachen, erfordert MediatorInnen, die auch mit dem Herzen sehen können und die Sprache der KL sprechen und verstehen. Es ist trivial und evident, dass Versöhnung nur in einem Friedenskontext möglich wird.

Abschluss- und Übergangsritual

Wenn wir in der Tat mit den KL diesen Prozess durchlebt haben; wenn tatsächlich ein sozialer Friede erreicht ist; wenn eine konstruktive Austragung von Differenzen wirklich stattgefunden hat; wenn Präventivmaßnahmen vereinbart wurden; wenn Schadensausgleich geregelt wurde und wenn Wunden heilend behandelt werden konnten. Dann ist die Zeit gekommen, gemeinsam mit den KL ein für beide stimmiges Abschluss- und Übergangsritual zu suchen, zu erfragen, zu finden und letztlich auch auszuführen. Dabei sind die Differenzen im Inneren *(LO, LU)* zu beachten *(Diversity)* – kulturell, subkulturell, gendermäßig, ethnisch, generationsspezifisch etc. Das Ritual als äußeres Zeichen einer *Inneren Transformation* kann nur dann seine Wirkung entfalten, wenn es diesbezüglich für die KL geeignet und stimmig ist.

Zur »Gebrauchsanweisung« der Metapherbrücke

Eugene Gendlin, Erforscher und Entwickler der Methode, die er *Focusing* nannte – einer meiner Lehrmeister, vor dem ich mich in tiefer Dankbarkeit verneige – brachte es einst in seinem Vortrag beim *M. Erickson-Kongress* in Hamburg wunderbar auf den Punkt. Er begann mit den Worten: *„Also ich werde euch jetzt den Prozessablauf des Focusing in seinen sechs Phasen schildern, aber ich füge sogleich hinzu: Wenn Ihr es genau so macht, wie ich es euch jetzt mitteilen werde – dann macht Ihr es bereits falsch."*

Dieser Text über die *MB* ist ein Leitfaden, ein Pfad, eine Wegbeschreibung. Es wäre nicht hilfreich – wie logisch stringent auch immer – den KL den Weg verbal einfach mitzuteilen. Die Kunst in der gelebten Praxis besteht darin, die KL auf diesen Pfad zu führen und sie dabei zu begleiten.

Ich habe die *MB* im Kontext von Mediation in hocheskalierter, meist *symmetrischer Konfliktdynamik* entwickelt. Sie haben hier sozusagen die *Hardcore-Version* vor sich. Die Methode erwies sich jedoch auch als sehr hilfreich bei weniger eskalierten Konflikten. Bei solchen verläuft dann die *Phase Eins* rascher und weniger schwierig. Es bedarf weniger, um die innere Einstellung/die innere Haltung friedenstauglich werden zu lassen. Dennoch ist es mir bei jeder Mediation sehr wichtig, zu erheben, ob die KL tatsächlich die *Phase Eins* passiert haben. Und nochmals: Mit Rückfällen bzw. Einbrüchen – versteckten Tellerminen – ist immer zu rechnen. Dann ist es notwendig, *Phase Zwei* zu unterbrechen und zu *Phase Eins* zurückzukehren. Also in *Wilberschem* Sinn den Focus weg von der *rechten Seite* hin zur *linken Seite (LO)* zu richten. Dies gilt genauso bei *komplementärer* Konfliktdynamik, bei *Victim-Offender-Mustern.* Auch da müssen die KL in ihrem Inneren zuvor die notwendige Bereitschaft erbringen, um überhaupt auf den Pfad der Versöhnung gelangen zu können. Dieser Wandel findet jedoch, im Inneren der KL *(LO) – beyond the words* – statt. Gelingt dies – aus welchen Gründen auch immer – nicht, bleibt der Prozess auch nach mehreren Schleifen, Versuchen und Pausen in der *ersten Phase,* bei *Schritt Zwei* oder *Drei* stecken. Dann ist nach meiner Erfahrung alles weitere Tun vergebliche Liebesmühe, leere Kilometer und führt bei allen Beteiligten zu Ärger, Frust und Verbitterung. In solchen Fällen ist Mediation nicht das geeignete Instrument. Die *MB* trägt aber auch in solchen Fällen hilfreich zur Früherkennung dieses Befundes bei.

Epilog

Die *MB* ist in einem langen Prozess nach und nach aus der Praxis heraus entstanden, in *apollinisch-dionysischer* Kooperation. Der Logik des Herzens folgend geschah dies meist so, dass *Dionysos* mit seiner unbewussten Weisheit und Erfahrung seiner Intuition folgte, während *Apollon* mit wachem Interesse das Geschehen beobachtete und danach sich seine Gedanken darüber machte. *Dionysos* hört sich dann auch gerne das Ergebnis der *apollinischen Reflexion* an, wundert sich bisweilen, was er da getan haben soll. Erklärungen, Analysen, Theorien sind ihm nicht wichtig. *Apollon* kombiniert, beobachtet, zieht seine Schlüsse und Folgerungen, erklärt, denkt nach; *Dionysos* fühlt, empfindet, imaginiert, hört, tanzt, verfügt über feinen Spürsinn, unbewusste Weisheit und

Intuition. Den Versuch, den Prozessverlauf in einen allgemein verständlichen Text zu fassen, verdanke ich *Apollon. Dionysos* musste dafür erst gewonnen werden. Die Arbeitsteilung war dabei umgekehrt: Wahrend *Apollon* arbeitete, nachdachte über Strukturen, Gestaltung, Klarheit und nachvollziehbare Zusammenhänge, versuchte dies in Worte zu fassen und in Textform auszudrücken, begleitete ihn *Dionysos* mit seinem Spürsinn, gab wichtiges Feedback, indem er vermeldete, ob *Apollons* Text für ihn stimmig war oder nicht. *Apollon* hat jedoch seinen Bruder letztlich motivieren können, auch die Feder zu ergreifen und ein Kapitel zu schreiben. Es hat ihm dann sogar Spaß gemacht. Es ist diese lose Sammlung von Zitaten, Sprüchen, Sonden daraus geworden.

2. Vom Brechen des Eises, vom Löschen des Feuers und vom Öffnen der Herzen

Ein Fall aus der Praxis

Prolog

Ich werde nachfolgend die *Metapherbrücke (MB)* an einem konkreten Fallverlauf illustrieren. Die Transkription der gesprochenen Worte ist allerdings nur eine Partitur, ein mageres Gerippe des gesamten Kommunikationsprozesses. Die Parakommunikation ist auf diesem Wege kaum zu vermitteln. Ich habe daher kurze, gewiss unzulängliche Regieanweisungen eingestreut. Hervorgehoben gedruckter Text soll weniger die Bedeutung, sondern eine andere Sprechweise hervorheben. Der Mediator spricht gewisse Passagen, aber auch einzelne Wörter in etwas tieferem Tonfall, mit melodischer Stimme und etwas reduziertem Tempo *(largo)*[13] – durchsetzt mit etwas längeren Klangpausen.

---

13 Vgl. Milton H. Erickson, *Einstreutechnik*

Zur Fallgeschichte

Es geht um einen Nachbarschaftskrieg zwischen zwei Frauen mittleren Alters. Die Mediation fand im Kontext des *Außergerichtlichen Tatausgleichs* statt. Meine Vorinformation aus dem Gerichtsakt: In einem eskalierten Streit im Stiegenhaus fügte A, eine Büroangestellte, B, einer Musikerin, eine Körperverletzung/Platzwunde zu, indem sie ihr eine Schüssel, gefüllt mit einer Süßspeise, an den Kopf warf. Darüber hinaus war dem Akt zu entnehmen, dass der Krieg/Konflikt bereits seit etwa drei Jahren andauert. Für mich ein klassischer Fall, um mit der *MB* zu arbeiten.

Vorausschickend sei gesagt, dass es mir relativ gut und rasch gelungen war, eine Vertrauensbeziehung zu beiden Damen aufzubauen, die notwendige Basis und Vorraussetzung, um auch Humor und *Provokativen Stil* in der Arbeit mit den KL einzusetzen. Also: Kontaktaufnahme, einige Telefonate im Vorfeld, Begrüßung, Beziehungsaufnahme, Smalltalk sind bereits geschehen. Als Mediator (M) begegne ich beiden Damen betont gelassen, locker, mit Lächeln, offenem Herzen und ebensolcher Körpersprache, führe sie aus dem Wartebereich in jenes Zimmer, in welchem vorerst die Mediation stattfinden sollte: A, Angestellte, *Schüsselschleuderin*, der Körperverletzung verdächtig und auch geständig sowie B, Musikerin und in diesem Vorfall/Strafverfahren die Verletzte/Geschädigte.

Erste Mediationssitzung – Phase Eins der MB: Peace now!

M: *So! Da sind wir also, bitte nehmen Sie Platz und versuchen Sie mal, in Ruhe hier anzukommen und es sich in Ihrem Stuhl so gemütlich wie nur möglich zu machen. Ich weiß, das erscheint Ihnen in Ihrer Situation ein schwieriges, unmögliches Unterfangen. Versuchen Sie es trotzdem – so gut es eben jetzt möglich ist.*
[Es herrscht kalter Krieg, die Luft ist zum Schneiden, A und B wirken verkrampft, wenden sich demonstrativ voneinander ab, kein Blickkontakt.]

M: [mit breitem Lächeln und offenen Armen]
Oh! Was sehe ich? Verzeihen Sie mir meine Damen, wie konnte ich nur! Ich hätte es besser wissen müssen! [abwechselnd beiden lächelnd tief in die Augen blickend]
Ihr Konflikt ist nicht so beschaffen, dass er auf einem ***60cm Tisch*** *behandelt werden kann; so ein Nachbarschaftskrieg* ***wie Ihrer*** *... da braucht es mindestens einen* ***120er Tisch.*** *Mamma mia! Wie dumm von mir, ich bringe das gleich in Ordnung; wir wechseln hinüber in den großen Raum zum* ***160er-Tisch.*** *Bitte kommen Sie mit.*

[M und KL haben an einem großen Sitzungstisch Platz genommen.]

M: *Na? Fühlen Sie sich hier etwas wohler? Ist es besser, angenehmer als vorhin?*

A und B: *Ja ... ja ... so ist es besser, viel besser ...*

M: *Fein, das freut mich; also wo waren wir stehen geblieben? Ach ja, beim Ankommen, sich es möglichst* ***gemütlich*** *in Ihrem Stuhl zu machen, auch wenn es Ihnen schwer fällt.*

[mit sonorer, melodischer Stimme immer wieder abwechselnd Blickkontakt zu A und B]

Lehnen Sie sich zurück, atmen Sie mal ***in Ruhe*** *durch. Sie brauchen jetzt erstmal* ***gar nichts tun****, nichts sagen. Ich ersuche Sie um etwas Geduld und Aufmerksamkeit. Ich will Ihnen erst einmal mitteilen,* ***wo Sie sich hier befinden****, Ihnen eine Art Gebrauchsanweisung von Mediation in dieser Institution geben, damit Sie sich erst einmal orientieren können. Zu allererst möchte ich Ihnen zweierlei erzählen.*

[Es folgt ein Blick aus der kollektiven, allgemeinen Perspektive auf die Situation der beiden.]

Ich will Sie über ein Ergebnis unserer hauseigenen Forschung informieren. Wir haben es hier jährlich mit über 3000 allen nur erdenklichen, zwischenmenschlichen Konflikten zu tun. Was so alles in dieser großen Stadt zwischen den Menschen abgeht.. Wir haben erhoben, dass so an die 80% dieser Konflikte hier bei uns letztlich friedlich beigelegt, bereinigt werden – erstaunlich nicht wahr? Allerdings, wir haben auch erhoben, dass Nachbarschaftskonflikte und – fragen Sie mich nicht warum – ***insbesondere Nachbarschaftskonflikte zwischen Frauen die geringste Friedensrate aufweisen.*** *Bei Nachbarschaftskonflikten zwischen Frauen liegt die Erfolgsquote, die Friedenschance nur bei etwa 50% ... also fifty-fifty ...*

A, B: ***... wirklich? sooo?*** *Naja ... bei genauerer Überlegung kann ich mir das schon vorstellen.*

M: *Sie sehen also, es wird nicht einfach sein. Ihr Krieg dauert ja schon längere Zeit und ist dementsprechend chronisch, verhärtet, mächtig geworden – wie lange dauert er eigentlich schon an?*

B: *So an die drei Jahre ...*
[erster fragender Blickkontakt zu A]

A: *Ja, dem stimme ich zu; werden wohl schon drei Jahre sein ...*

M: *Immerhin, darüber herrscht zwischen Ihnen Einigkeit. Noch eine Frage an Sie beide, aber vorweg,* ***bitte keine Details aus der Kriegsgeschichte.*** *Gehen Sie mal davon aus, Ihre Lebensqualität in dem Haus sei vor Ausbruch Ihres Krieges 100% gewesen. Wie viel ist Ihnen – in Prozenten ausgedrückt – davon* ***jetzt noch nach drei Kriegsjahren geblieben?***

B: ... *ich würde schätzen, 20% sind verblieben, etwa 80% sind verloren gegangen. Es ist schrecklich für mich, wenn ich das nötige Geld hätte, würde ich ausziehen.*

A: ... *mir geht es ähnlich, auch ich mache Schreckliches mit ...*

[A und B sind darauf und daran mit ihrer *Kriegsberichterstattung* loszulegen.]

M: [unterbricht] *Moment! Moment! Stopp!* ... [largo] *Ich weiß ... ich weiß ... Sie beide könnten mir jetzt stundenlang erzählen ... wie schrecklich ... was Sie alles durch- und mitgemacht haben ... was Ihre böse Nachbarin ...* ***aber so geht das leider nicht*** *... ich ersuche Sie um Geduld, auch wenn es schwer fällt. Lehnen Sie sich zurück, atmen Sie durch.*

[M bereitet den Boden zum Ausstreuen einer Geschichte vor. Hier in Kurzversion.]

M: *Ich will Ihnen jetzt eine kleine Geschichte erzählen, die mir gerade so eingefallen ist –* ***wahrscheinlich hat sie gar nichts mit Ihnen zu tun …*** *also … die kleine Geschichte handelt von einer Frau, die in einen magischen Wald gerät.*

> *Sie vernimmt ein Jammern, ein Wehklagen, ein zorniges Schreien, trifft auf einen Zwerg, den Bart in einen Baumstrunk eingeklemmt, kann er sich nicht aus eigener Kraft befreien. Die Frau erlöst ihn aus dieser Zwangslage. Der Zwerg bedankt sich und gibt sich als Zauberzwerg zu erkennen. Die Frau hat nun einen Wunsch frei und wünscht sich 10 Millionen Euro auf ihr Konto. „Geht in Ordnung", sagt der Zwerg, bekommst du. „Allerdings vergaß ich dir eingangs zu sagen:* ***Die Erfüllung deines Wunsches ist an die Bedingung geknüpft, dass deine Nachbarin jeweils das Doppelte von dir bekommt.*** *" Die Frau geht in sich, denkt nach, dann meint sie zum Zwerg: „Ja wenn das so ist,* ***dann wünsche ich mir, auf einem Auge blind zu sein!*** *"*

A, B: [lächeln beide] *Na ja … hmm … nein … hmm … sooo schlimm … wird's wohl nicht sein?! Nein?!*

M: [leitet über zur Metapher *Krieg/Frieden, Wegkreuzung Kriegspfad/Friedenspfad* und bleibt beharrlich bei diesem Bild] *Ich danke Ihnen für Ihre Aufmerksamkeit, ist mir bloß so eingefallen … Ich sagte doch, wahrscheinlich hat die Geschichte gar nicht mit Ihnen zu tun. Doch nun zum Thema Mediation, zur »Gebrauchsanweisung«. Sie leben nun schon lange in* ***einem kriegsähnlichen Zustand*** *mit all den unangenehmen und schrecklichen Begleiterscheinungen, die* *das Kriegführen so mit sich bringt.* ***Hier jedoch, wo Sie sich jetzt befinden, geht es nicht um Krieg, sondern hier geht es um Frieden. Frieden ist hier das Thema.*** *Sie befinden sich hier und jetzt auf einer Wegkreuzung, vom hier und jetzt führen zwei Wege in Ihre Zukunft: Der eine ist Ihnen wohl vertraut, es ist der Kriegspfad. Es ist das Einfachste, diesen weiter zu beschreiten. Sie müssen gar nichts verändern, Sie machen einfach weiter wie bisher; allerdings mit all den schrecklichen Begleiterscheinungen. Sie fühlen sich bedroht, haben unruhige und schlaflose Nächte ... all der Ärger, der Groll, Sie kennen das alles ja leider, leider nur zu gut, und wer weiß, was da auf dem Kriegspfad noch alles auf Sie zukommen kann? Im Krieg geschehen schreckliche Dinge, die oft nachher niemand gewollt haben will, aber so ist es nun mal in allen Kriegen, die wir Menschen auf diesem Planeten führen und geführt haben, den kleinen wie den großen ...*

Oder, Sie entscheiden sich hier und jetzt, an dieser Wegkreuzung, den Kriegspfad zu verlassen ***und einen Versuch zu starten in Richtung Frieden, auf den Friedenspfad zu wechseln.*** *Zugegeben, das ist keine einfache Sache, das geschieht nicht von allein, das ist vorerst mal eine Anstrengung.* ***Sie müssen dabei beide einiges verändern und zwar an sich!*** *Als Lohn winkt eine friedliche Zukunft, ein angenehmes Klima im Haus, in dem Sie leben; Sie könnten sich frei und unbeschwert im Haus bewegen; müssten nicht permanent auf der Hut sein vor Intrigen, Verleumdungen etc.; könnten wieder in aller Ruhe Ihren Schlaf genießen, frei durchatmen, ohne darüber zu grübeln, was Ihre Nachbarin vielleicht schon wieder ausgeheckt hat; hätten nicht mehr dieses sehr unangenehme Gefühl in der Bauchgegend, wenn Sie einander zufällig im Stiegenhaus, im Supermarkt oder sonst wo begegneten ...*

A: ***Ich will bloß meine Ruhe haben ...***

B: ***Ich auch ...***

M: *Ich glaube Ihnen das aufs Wort. In solchen Kriegen ist das fast immer so;* ***alle wollen sie nur endlich ihre Ruhe haben. Haben Sie diese? Na sehen sie!*** *Sie haben sie leider schon lange Zeit nicht* [und tiefer Blickkontakt, mit tieferer Stimmlage, largo]: ***die Ruhe, nach der Sie sich sehnen, nach der sich alle Menschen – nach lang andauernden Kriegen – sehnen, diese wohltuende, erquickende, erholsame Ruhe gibt es nur im Frieden,*** *anders ist die nicht zu haben. Also das sind die Alternativen, die Ihnen heute offen stehen: Weitermachen wie bisher, heißt Fortführung des Krieges, oder Sie ergreifen die Chance mit meiner Unterstützung auf den Pfad in Richtung Frieden zu gelangen. Das ist* ***Ihre Entscheidung.***

A: *Hmm ...* ***ja aber wie sollte das gehen? Wie kann das möglich sein? Wenn wir nicht darüber sprechen, was da alles passiert ist,*** *all die schrecklichen Dinge, die sie mir ...*

B: [fällt ihr ins Wort] ... ***ja und was sie mir alles angetan ...***

[Beide holen gleichzeitig aus, zu einem Redeschwall, einem aufflammenden *molto vivace,* einem heißen Gefecht.]

M: [unterbricht sofort mit erhobener Stimmer und heftiger Gestik] ***Stopp! Stopp! Moment! Moment! ... so geht das hier nicht ... so kommen wir nicht weiter*** *... zumindest nicht in* **Richtung Frieden.** *Sie befinden sich im Kriegszustand und eben haben Sie sehr überzeugend begonnen, loszulegen und zu demonstrieren,* ***wie Sie Ihren Krieg***

***austragen.** Wenn Sie das wirklich wollen – es sei Ihnen unbenommen – dann können Sie gerne so weiter machen* [kleine Pause – wieder largo] *anderswo, wo immer Sie wollen, aber **nicht hier,** denn hier geht es – ich wiederhole mich gerne – hier geht es nicht um Krieg, **hier geht es um Frieden.** Also, ich bin mit meiner Gebrauchsanweisung noch nicht fertig. Ich ersuche Sie noch um etwas Geduld und Aufmerksamkeit* [scherzhaft mit Lächeln und Augenzwinkern] *Sie versäumen ohnehin nichts, ich versichere Ihnen: Der Krieg läuft Ihnen nicht davon; der verabschiedet sich nicht mir-nichts-dir-nichts von so lieb gewonnenen Stammkunden wie Sie beide es sind!*

M [macht ein Angebot an die KL] *Ich bin – so könnte man sagen – Experte in Sachen Krieg und Frieden. Das ist mein Job, mein Beruf und ich übe diesen seit nunmehr 17 Jahren aus. Ich mache Ihnen nun folgendes Angebot: Ich stehe Ihnen gerne mit meiner Erfahrung, meinem Wissen, mit Herz und Hirn zur Verfügung, zu Diensten, um Sie dabei zu unterstützen, den Friedenspfad zu beschreiten. Allerdings kann ich das nur, **wenn Sie mir so viel Vertrauen schenken und mir erlauben, Sie die ersten Schritte dorthin zu führen, zu begleiten.** Ich kann Ihnen nicht versprechen, dass es gelingen wird, allerdings bin ich gerne bereit mein Bestes zu geben. Soweit die Gebrauchsanweisung. Habe ich mich verständlich ausgedrückt? Haben Sie dazu noch Verständnisfragen? Bitte ich will jetzt* [mit erhobenen Händen] ***keine Kriegsberichterstattung** hören. Ich weiß, ich weiß, Sie beide könnten Stunden, Tage, Wochen damit füllen. Ich verspreche Ihnen, Ihre Kriegsgeschichte soll nicht ignoriert, sondern vorerst nur einmal beiseite gestellt, vorübergehend abgelegt werden. Wir werden später, wenn die Zeit dafür gekommen ist – Sie haben hier mein Versprechen – darauf zurückkommen. Also noch mal: War mein **Angebot** verständlich?*

A: *Ja, ich hab's verstanden.*

B: *Ich auch, ist mir klar.*

M: *Hmm, bestens, danke, freut mich, dass ich mich verständlich machen konnte, ja ... hmm ... und nun zur nächsten Frage an Sie beide:* ***Sind Sie bereit, mit meiner Unterstützung einen Versuch zu wagen, den Friedenspfad zu beschreiten?*** *Ich bitte Sie, mir ganz einfach mit* ***Ja oder Nein*** *zu antworten. Ich will von Ihnen nur diese einfache Antwort auf meine gewiss nicht leichte Frage ... antworten Sie mir bitte einfach mit Ja oder Nein.*

[einige Sekunden Pause, Stille; A und B sind mit ihrem Inneren beschäftigt]

B: *Ja, ich bin bereit.*

A: *Ja ich auch.*

M: *Wunderbar, das freut mich. Da sind wir schon ein kleines, gutes Stück weitergekommen, ja, dann also, hmm, lasst uns beginnen!*
Jetzt zum nächsten Schritt. Ich bin bereit, zu Ihren Diensten und Sie wollen es mit meiner Unterstützung versuchen. Das edle Vorhaben kann nur gelingen, ***wenn Sie*** *auch wirklich und wahrhaftig den* ***Frieden anstreben, wenn Ihnen Friede wirklich wichtig ist.*** *Und das ist keine leichte Entscheidung nach einem langen Krieg. Sie sollten sich das gründlich überlegen. Deshalb machen wir jetzt eine kleine Pause – etwa zehn Minuten – Sie überlegen sich das noch mal in aller Ruhe, hören in sich hinein ... ich hole Sie dann wieder aus dem Wartebereich ab und dann machen wir weiter. Es gibt Kaffee, Wasser ... darf ich Ihnen ein Glas Wasser bringen? Es ist sehr heiß heute ...*

[Pause als Intervention]

[nach der Pause, M und KL haben wieder Platz genommen]

M: *Nun ja, ich hoffe, die Pause war auch ein wenig* ***erholsam*** *für Sie beide. Also wer möchte beginnen, uns hier und jetzt seinen Entschluss mitzuteilen, es auf dem Friedenspfad zu versuchen?*

A: [Antwort rasch und eher vom Hirn aus] *Ja, ich will Frieden, aber wie soll denn das gehen, wenn die Vorstellungen von Frieden so unterschiedlich sind?*

M: [zu A gewendet] *Moment mal, da ist es schon wieder das* ***Aber!*** *Ha! Bingo! Ich bitte Sie, lassen Sie mal dieses* ***Aber*** *weg. Übrigens, ist Ihnen schon mal aufgefallen, dass nicht bloß unsere deutsche Sprache das Wort Frieden nur in der Einzahl kennt, Krieg jedoch auch im Plural? Es gibt jede Menge Kriege, aber nur einen Frieden, auch dann, wenn es* ***verschiedene Vorstellungen von Frieden*** *gibt, gibt es nur* ***einen Frieden!*** *Die treffendste, mir bekannte wörtliche Beschreibung von Frieden – damit wir den Begriff etwas plastischer vor uns haben – die stammt von Johan Galtung und lautet*: ***Frieden ist ein Zustand, in welchem Menschen kreativ und konstruktiv ihre Konflikte/Differenzen austragen.*** *Hmm, verzeihen Sie mir, wenn ich Ihnen lästig falle, versuchen Sie es noch mal, in einem Satz und* ***ohne dem Aber …***

A: *Hmm … Ja – Ich will Frieden!*

M: [Lob und Anerkennung zollend] *Wunderbar! Meine Gratulation! Danke!* [zu B gewendet, sie scheint eher in sich gekehrt, mit ihrem Inneren beschäftigt] *Hmm, und nun zu Ihnen, Frau B. Welchen Entschluss haben Sie getroffen, welche Entscheidung haben Sie gefällt? Streben Sie ernsthaft den Frieden an?*

B: [zu M gewendet] *Ich bin völlig über mich überrascht! Ich bin über mich selbst verwundert – stellen Sie sich vor – ich hab mir in der Pause das überlegt, ob ich wirklich Frieden will. Mein Hirn hat sofort Ja gesagt, aber dann hab ich in mich hinein und hinunter gefühlt* ***und zu meiner eigenen Verblüffung – der Bauch sagte: Nein!***

M: [voll Lob und Wertschätzung an B gewendet] *Oh! Ich finde das erstaunlich, was Sie in der Pause Neues, Überraschendes über sich erfuhren. Und ich danke Ihnen aus ganzem Herzen für Ihre Offenheit, uns Ihre Bauch-Antwort auch mitzuteilen.* ***Das ist ein sehr konstruktiver Beitrag.*** *Sie müssen wissen, wenn es um Krieg und Frieden geht, da ist ohne Bauch, ohne Herz, gar nichts zu machen. Wenn der Bauch nicht will, ist alles weitere zum Scheitern verurteilt; danke nochmals* ***für Ihre Offenheit.***

B: [mit weinerlicher hoher Stimmlage, rascher werdendem Tempo] W*as du mir alles angetan hast ...*

A: [ihr ebenso ins Wort fallend] ... *und du mir! Wer hat mir denn damals ...*

A: ... *ja aber nur, weil du ... !*

B: [zurückschlagend] ... *ja aber, weil du angefangen hast!*

[beide sich zu einem maschinengewehrartigen vivace steigernd, symmetrisch eskalierend; mit einem Wort: aufflammender Krieg, Giftpfeile schwirren in beiden Richtungen über den Tisch]

M: [interveniert mit Unterbrechen, Cooldown, Metakommunikation, also kein Bezug zum Was, zum Inhalt des Gesagten, sondern ausschließlich zum Wie] ***Stopp! Halt! Aus! Aus!*** *Moment meine Damen* [mit Lächeln und Augenzwinkern] *haltet ein! Ruhig Blut! Machen Sie mal eine Pause ... man kann doch nicht immer nur zuschlagen; es benötigt auch Zeit, um wieder ausholen zu können! Wenn Sie – noch nicht jetzt, aber vielleicht in ein bis zwei Minuten – wieder ruhiger geworden sind, werde ich Sie abermals um Ihre Aufmerksamkeit bitten. Lehnen Sie sich einfach zurück und während Sie mich sprechen hören, wird Ihr Atem* ***ruhiger****, Ihr Puls* ***langsamer****; ja, hmm, also meine Damen, ich habe vorhin mit großem Interesse Ihre Performance verfolgt und ich muss einräumen: ziemlich beeindruckend, ziemlich heftig, wie's halt im Krieg so zugeht ... Viele Verletzungen und Wunden auf beiden Seiten; das geschieht nun mal im Krieg. Dinge, die oft nachher niemand gewollt hat – aber in der Hitze des Gefechtes, im Infight sind wir Menschen auch gar nicht in der Lage mitzubekommen, wahrzunehmen, welche Wunden wir schlagen, du lieber Himmel! Sie sind da in einen wahrlich üblen Krieg geraten, wie auch immer das zugegangen ist, als Sie begannen Krieg zu spielen. Nun hat sich die Sache umgekehrt! Nun spielt der Krieg mit Ihnen, nun sind Sie in ihn verstrickt, verfangen, noch können Sie nicht anders, Schlag auf Schlag, Vorwurf auf Vorwurf, Schuldzuweisung auf Schuldzuweisung, Kränkung auf Kränkung, Verletzung auf Verletzung etc.; allerdings* [largo] *Wunden, Verletzungen, Kränkungen werden nicht heil, wenn man sich diese gegenseitig an den Kopf wirft oder aufrechnet. Wie sagt doch Eros in Gestalt eines Silen zu dem Rache dürstenden Dionysos? „Wunden, aus Liebe entstanden, können nicht durch Hass geheilt werden." Aggression bleibt an uns haften – wenn wir sie anderen entgegenschleudern, werden wir sie nicht los, nein, im Gegenteil! Sie schwillt an, wird mehr und heftiger!*

So wie Sie vorhin miteinander umgegangen sind, das ist der Kriegspfad, da entlang geht's in die nächste Schlacht, nicht in Richtung Frieden!

A: *Jaja, da gebe ich Ihnen Recht. So geht's nicht!*

B: *Ja ... so geht's natürlich nicht, das ist uns wohl beiden klar.* [beide werfen einen fragenden Blick zu M]

A, B: *Wie soll denn das gehen? Sagen Sie uns doch, wie das gehen soll?*

[KL sind nun wieder aufnahmebereit, haben sich beruhigt, scheinen tatsächlich mit dieser Frage beschäftigt. M interveniert auf allgemeiner Ebene, zeigt verschiedene Möglichkeiten auf, fügt jedoch jeweils scherzhaft, schelmisch lächelnd *(Provokativer Stil)* hinzu, dass all diese möglichen Schritte in Richtung Frieden in ihrem konkreten Fall nicht möglich, nicht zumutbar sind.]

M: *Ja, wie soll denn das bei* ***Ihnen*** *gehen? Wie könnten* ***Sie*** *in Richtung Frieden gelangen? Das ist wahrlich eine gute Frage! Wunderbar! Da sind wir richtig! Darum geht's jetzt hier! Tja, das ist eine schwierige Sache, es gibt viele Wege dorthin – Menschen in verschiedensten Epochen und Kulturen haben da schon vieles herausgefunden, ausprobiert – es gibt viele Pfade in den Frieden. Sie müssen Ihren eigenen suchen und finden, den, der* ***für Sie*** *stimmig und passend ist!*

A, B: [fragend] *Was gibt es da an Wegen? Ich kann mir da gar nichts vorstellen! Erzählen Sie mal! Ja! Lassen Sie hören!*

M: *Mach ich gerne – manche Menschen machen sich das schwer, manche leicht, manche strecken ganz einfach ihrem Gegenüber mit offenen Herzen die Friedenshand entgegen, blicken tief ins Auge, lächeln und sprechen etwa: „Ach was, ich bin es leid! Ich will Frieden schließen! Lasst uns einander verzeihen und das Kriegsbeil begraben!“ Solcherlei ist* ***Ihnen nicht zumutbar,*** *bei Ihnen geht das natürlich nicht! Andere wieder haben die Größe, zuerst vor der eigenen Türe zu kehren und eigene Fehler und/oder anderen zugefügtes Übel sich und anderen einzugestehen. Sie reden erst mal in Ich-Botschaften. Oft sind das reife, weise Menschen – hmm – leider, leider gibt's von denen nicht allzu viele. Weisheit und Großzügigkeit, verzeihen können und ähnliches sind rare Güter! Wieder anderen gelingt es, dem Feind anstatt Übel Wohltaten zu erweisen, Geschenke, welcher Art auch immer, geht bei* ***Ihnen*** *– eh klar – wohl nicht! Bei dem, was Sie sich gegenseitig alles angetan haben! Da müssten Sie ja beide über Ihren eigenen Schatten springen! Wieder andere machen sich auf die Suche nach den Sonnenseiten, positiven Eigenschaften ihrer Feinde. Wir alle haben Sonnenseiten und Schattenseiten; manchmal sehen wir ausschließlich die helle, manchmal ausschließlich die dunkle Seite. Übrigens, wie war denn Ihr Verhältnis vor Kriegsausbruch? Konnten Sie damals gut mit einander auskommen?*

B: *Ja, wir konnten sehr gut miteinander ... wir waren fast wie gute Freundinnen ...*

M: *Na, sehen Sie, damals haben Sie Seiten kennen gelernt, die Sie längst nicht mehr wahrnehmen. Der Krieg verbietet das! Wir Menschen können erst dann wirklich Krieg führen, wenn der Gegner zu einem bösen Monster, zu einem Dämon hochstilisiert ist; alles Liebens- und Schätzenswerte muss ausgeblendet werden – apropos ...*

[M setzt als Intervention eine weitere Geschichte/Metapher ein.]

Ja, da fällt mir eine Geschichte ein, ***die hat ja wahrscheinlich auch mit Ihnen nicht zu tun, spielt ja auch bei einem Indianerstamm Nordamerikas,*** *aber ich will Sie Ihnen trotzdem gerne erzählen. Also:*

> *Ein Jüngling kommt zu einem weisen, alten Schamanen und fragt diesen: „Sag mal, kannst du mir sagen, was in uns Menschen, in unserem Inneren, in unserer Seele vor sich geht?“*
>
> *„Mein Sohn, das ist so. Jeder Mensch trägt zwei Wölfe in sich; einer verkörpert das Gute, die Liebe, die Freude, die Güte, das Mitgefühl, die Hilfsbereitschaft, das Verzeihen ... der Andere verkörpert alles Schlechte und Üble in uns, den Neid, den Hass, die Gier, den Zorn, die Rücksichtslosigkeit. Diese beiden Wölfe in uns bekämpfen einander fortwährend.“*
>
> *Darauf der Jüngling: „Schön und gut, aber wer gewinnt denn nun von beiden?“*

M: [largo, mit tiefen Blickkontakt zu beiden hin und her schwankend] *Die Antwort des Weisen lautet:* ***„Es gewinnt der Wolf, den du fütterst!“***

[Kleine Pause; die KL sind mit ihrem Inneren beschäftigt. Eine Geschichte benötigt eine gewisse Zeit, um einzusickern, innere Bilder und was auch immer hinter dem Sprachlichen, im Empfinden auszulösen.]

M: [an B gewandt] *Nun? Wie steht es nun um Ihren Bauch? Wie steht das Match? Was meldet er nun über Friedensbereitschaft? Sagt er noch immer „Nein" zum Frieden?*

B: *Jetzt sagt mein Bauch „Ja"! Auch er will jetzt Frieden! Nicht bloß das Hirn allein.*

M: *Das grenzt ja an ein Wunder! Bestens! Großartig! Ich gratuliere Ihnen! Sie haben meine ganze Wertschätzung.* ***Das war ein ganz wichtiger Schritt in Richtung Frieden.*** *Da Sie jetzt allem Anschein nach den ersten wichtigen Schritt vollzogen haben, können wir jetzt zur nächsten Etappe übergehen. Allerdings muss ich gleich vorausschicken: Die ist leider höchstwahrscheinlich um nichts leichter – hmm – ja, es geht jetzt nämlich darum,* ***an dieser Wegkreuzung den ersten Schritt auf dem Friedenspfad zu tun;*** *genauer gesagt, den* ***ersten eigenen Schritt!***

Wie antwortete einst Sokrates auf die Frage, was das Schwierigste und das Leichteste für uns Menschen sei? ***„Das Leichteste ist, anderen Ratschläge zu erteilen, das Schwierigste jedoch, sich selbst zu erkennen."*** *Ähnlich ist es auch hier: Wie nahezu alle Menschen in einer ähnlichen Situation –* ***Weise ausgenommen, aber wer von uns ist schon weise?*** *– werden auch Sie mühelos jede Menge aufzählen können, was Ihre Nachbarin als ersten Schritt in Richtung Frieden tun soll! Tja, da könnten Sie wohl lange Listen erstellen. Oft sind dies jedoch bloß Forderungen, seien sie nun legitim oder illegitim.* ***Leider hilft das gegenseitige Auflisten von Forderungen nicht weiter auf dem Weg zum Frieden!*** *Oft dienen sie bloß zur Fortführung des Krieges mit anderen Mitteln, wie oft ein Waffenstillstand, eine Gefechtspause bloß dazu benützt/missbraucht werden kann, wieder auf- und nachrüsten zu können. Also kurz: Da, wo wir uns jetzt befinden, vor dem ersten Schritt, geht es nicht um win-win,* *sondern um pay-pay –* ***leider, leider ist der Friede nicht umsonst.*** *Fragen Sie mich nicht warum – wir Menschen sind erstaunlicherweise sehr rasch bereit, in den Krieg sehr viel zu investieren an Geld, Zeit, Energie etc., aber* ***zumeist gehen wir erst mal davon aus, der Friede darf gar nichts kosten, er soll umsonst sein; und wenn er schon kostet, dann soll/en der/die Andere(n) dafür aufkommen.*** *Der/die soll/en sein/ihr Verhalten, die Einstellung verändern – weise Menschen ausgenommen ... aber wir wissen eh schon, wer von uns Menschen ist schon weise? So, genug gequatscht, nun ist es an Ihnen, jeweils den* ***ersten eigenen kleinen Schritt in Richtung Frieden*** *zu tun. Weil dies wahrlich eine schwierige Aufgabe für Hirn und Bauch ist, machen wir jetzt eine Pause – etwa eine viertel Stunde – und Sie überlegen sich in Ruhe, was Ihr erster kleiner Schritt sein kann. Ich sage und meine auch* ***klein****, und ich füge hinzu – quasi als Qualitätsprüfung dieses ersten Schrittes –* ***wenn Ihnen dieser erste kleine Schritt ganz leicht fällt, dann ist es wahrscheinlich kein geeigneter.*** *Ich hole Sie dann wieder aus dem Wartebereich. Kaffee? Ein kaltes Glas Wasser gefällig?*

[Pause]

[nach der Pause; KL und M haben wieder Platz genommen]

M: *Hmm, ja – so – da sind wir also wieder. Ich hoffe, die Pause war auch ein wenig erholsam für Sie. Also los, wer möchte beginnen, uns seinen ersten kleinen Schritt mitzuteilen?*

[KL schweigen beide; sind mit sich beschäftigt]

A: [spricht locker, leicht und flüssig von der Zunge] ***Ich** habe einen ersten Schritt schon getan!*

M: *Interessant, worin bestand dieser?*

A: *Als Sie uns Wasser angeboten haben, sagte ich, bringen Sie meiner Nachbarin **auch** ein Glas Wasser.*

M: *Hmm – Aha! Lasst uns nachfragen, wie das bei Ihrer Nachbarin angekommen ist.*

M: [zu B gewandt] *Wie war das für Sie? Haben Sie das als einen ersten, konstruktiven Schritt in Richtung Frieden erlebt?*

[B verneint]

M: [zu A gewendet] *Tja! Sehen Sie? War wohl nicht das Richtige!* [und mit tiefen Blickkontakt und Lächeln] *Hand auf's Herz: Das ist Ihnen doch wirklich leicht gefallen oder irre ich mich?* [B lächelt zustimmend] *Ich sagte Ihnen ja vor der Pause, **wenn es Ihnen leicht fällt, dann wird's wahrscheinlich kein ernsthafter, hilfreicher Schritt sein.***

Glauben Sie mir, ich weiß das aus langjähriger Erfahrung, solch ein erster Schritt gelingt so gut wie nie auf Anhieb! Es war eben ein erster Versuch. Wenn wir Menschen etwas Neues, Schwieriges lernen wollen, müssen wir es meist oftmals versuchen – wir alle haben keine Erinnerung daran in unserem wachen Bewusstsein. Aber: Wie oft sind wir alle als Kleinkind auf die Schnauze gefallen, bevor wir auf zwei Füßen gehen konnten?!

M: [zu B gewandt] *Und nun zu Ihnen. Was ist **Ihnen** eingefallen? **Ihr** erster Schritt in Richtung Frieden?*

B: [nach einigem Schweigen] *Ich möchte, dass meine Nachbarin psychiatrisch untersucht wird, um vorerst klar zu stellen, ob es überhaupt sinnvoll ist, mit ihr zu verhandeln. Ich vermute nämlich, sie ist krank.*

M: [erst die aufbrausende – vorerst körpersprachlich ausgedrückte – Entrüstung/Zurückweisung/Empörung/Beleidigung von und in A besänftigend, dann zu B gewandt] *Gnädige Frau* [lächelnd und Augen zwinkernd] *wie Sie's an der Reaktion Ihrer Nachbarin sehen konnten, war das wohl nichts mit konstruktiv! Ist nicht gut angekommen. Auch Sie kann ich trösten* [nun zu beiden sprechend] *– das ist in solchen, kriegsähnlichen Situationen häufig so, dass einer die/den anderen für psychisch krank, verrückt oder deppert hält. Wenn es nach solchen Diagnosen ginge – du lieber Himmel –, da hätten psychiatrische Anstalten viel zu tun. Man müsste wahrscheinlich hunderttausende Wiener und Wienerinnen in die Psychiatrie stecken! Die würden sich dann paradoxerweise alle dort wieder treffen, weil solche Diagnosen von den Kriegsparteien/Nachbarn/Eheleuten meist wechselseitig erstellt werden. Ich teile Ihnen jetzt gerne meine Wahrnehmung, meinen Befund mit: Weder Sie, liebe Frau A, noch Sie, Frau B, sind krank. Ich sehe zwei sympathische, intelligente, psychisch gesunde Damen vor mir. Allerdings:* ***Was hier krank/gestört/verquer/destruktiv ist – nennen Sie's wie Sie wollen – das ist Ihre Kommunikation, Ihr Umgang als Personen miteinander und mit Störungen und Differenzen! Nicht die Störungen sind das Problem, sondern der destruktive, kriegerische Umgang damit. Störungen kommen immer und überall vor, wo Menschen zusammenleben. Das lässt sich nie ausschließen. Im Frieden allerdings, wenn wir einander mit Wohlwollen und Respekt behandeln, im Frieden also gehen wir anders, konstruktiv mit Differenzen um.***

Also, wenn Sie beide wirklich Frieden finden und erhalten wollen und Nachbarinnen bleiben, dann müssen Sie lernen, anders zu kommunizieren ... nur so werden Sie den Frieden erringen und erhalten können. Und dazu einen ***ersten, kleinen, eigenen Schritt*** *zu tun, war die Aufgabe vor der Pause.*

[A und B schweigen, in sich gekehrt, scheinen hilflos an der Schwelle des ersten Schrittes erstarrt. M lässt das Schweigen ungewöhnlich lange sein. Im Inneren der KL scheint es Bewegung zu geben. M bricht das Schweigen, um die Alternative, nämlich Fortführung des Krieges/ Kriegspfad zu thematisieren, allerdings unter Vermeidung jeglicher Schuldzuweisung.]

M: *Hmm – tja! Sieht nicht sehr gut aus für Sie beide! Sie haben sich wirklich bemüht. Ich nehme Ihnen voll und ganz ab, dass Sie sich den Frieden wünschen, dass Ihnen beiden Friede wichtig ist! Allerdings – so scheint es – nicht* ***so wichtig,*** *dass Sie sich zu einem ersten Schritt dort hin überwinden. Wahrscheinlich sind Sie beide damit überfordert; geht einfach nicht. Sie können es trotz Ihrem Wollen nicht – hmm – tja – schade! Wir haben es immerhin gemeinsam versucht! Die Alternative ist dann allerdings:* ***Zurück auf den Kriegspfad. Sie machen dann halt weiter wie bisher! So ist das nun mal! Schlecht schlafen, sich bedroht fühlen, Verbündete suchen, Spionage betreiben, Knödel im Bauch, Nerven immer mal blank, immer mal Gefechte, Scharmützel, Schlachten, in Rüstung investieren etc. – ja, Sie kennen das nur zu gut!*** *Ich weiß, ich weiß – das ist wirklich eine ganz, ganz schwierige Sache – die verlangt Ihnen einiges ab, nämlich eine Veränderung in Ihrem Selbst, in Ihrem Inneren – und wie schon erwähnt: So ein Schritt nach so langer Kriegszeit – aber wie wär's, wenn wir's nochmals versuchten? Einen zweiten Anlauf nähmen? Sind Sie* *dazu bereit?* ***Oder*** *geben Sie schon nach dem ersten Versuch auf? Als* ***Preis*** *winkt immerhin eine* ***friedliche Nachbarschaft*** *... auch wenn Sie beide sich das* ***jetzt kaum vorstellen können ... der Frieden ist etwas ganz Wunderbares ... ein heiß begehrtes Gut auf diesem Planeten – aber wie gesagt – leider, leider nicht umsonst! Friede muss gemacht, getan werden, er kommt nicht von allein zu Stande! Wenn Sie nicht Frieden tun, dann können Sie lange und vergeblich auf den Frieden warten!*** *Okay, ein zweiter Versuch?*

A, B: *Ja! Versuchen wir es nochmals, aber ...*

M: [unterbrechend] *Lassen wir mal das „**Aber**" beiseite! Stopp! Wir machen jetzt wieder eine kleine Pause – ja, so wie vorhin – und Sie beide überlegen sich noch mal einen ersten kleinen eigenen Schritt/Beitrag zu einem friedlichen Miteinander.*

[Pause]

M: [etwa zehn Minuten später, wieder im Mediationszimmer] *Ok! Da sind wir also wieder! Bereit? Klappe! Erster Schritt, die Zweite!? Wer mag beginnen?*

[A und B schweigen; eine gewisse Spannung schwebt im Raum.]

M: *Sie machen es aber wirklich spannend! Hmm – das fühlt sich ja an wie in einem Italo-Western.* [M blickt voller Erwartung auf beide.]

A: *Helfen Sie uns doch! Was wäre denn nun ein solcher erster Schritt?*

M: *... hm, naja, da waren wir schon mal. Die Qualitätsprüfung ist ganz simpel, ganz einfach:* ***Ein wahrer konstruktiver Schritt ist ein solcher, der von allen drei hier anwesenden Personen so erlebt wird*** *... logisch, hirnmäßig ist das ganz einfach! Sie brauchen nur das Gegenteil von dem zu tun, was Sie bisher im Krieg getan/gedacht/empfunden haben. Dazu fällt mir ein Gemälde ein – wahrscheinlich hat auch das gar nichts mit Ihnen zu tun – es hängt im Kunsthistorischen Museum. Sollten Sie wieder mal dorthin kommen, schauen Sie sich das an. Ein monumentales Bild, gemalt im 19. Jahrhundert – eine biblische Szene. Es geht um den Bruderkrieg zwischen Jakob und Esau – Jakob, der Zweitgeborene, hatte dem sterbenden, blinden Vater vorgetäuscht, der Erstgeborene zu sein und so Esau um sein rechtmäßiges Erbe betrogen. Nach langer Verfolgung treffen die Brüder aufeinander. Esau zieht in den Krieg gegen seinen Bruder. Auf der linken Seite sieht man ein Heer von Kriegern in Rüstung, mit Lanzen, allerlei Waffen; auf der rechten Seite das „Heer" von Jakob: friedlich weidende Schafe und Hirten, und links unten – Jakob ist also auf seinen Bruder zugegangen – auf einem Felsvorsprung sieht man Geschenke, die Jakob seinem Bruder darbrachte und daneben die beiden Brüder sich in Versöhnung umarmend. Das Bild trägt den Titel: „Die Versöhnung von Jakob und Esau" ... mich hat diese Szene sehr berührt ...*

[kleine Sprechpause, A und B schweigen]

M: [zuerst an A, dann an B gewandt] *Doch nun zu Ihnen ... um irgendwo zu beginnen ...* ***gibt es zum Beispiel irgendeine Eigenschaft/Fähigkeit, irgendetwas an der Person Ihrer Nachbarin, das Sie trotz alledem noch an ihr schätzen können?? Eine Wertschätzung zu äußern ist Ihnen wohl unmöglich!*** [scherzend] ***Das geht wohl ganz und gar nicht!***

A: [protestierend] *Sie meinen eine Wertschätzung meiner Nachbarin? Doch! Das kann ich! Ja! Ich kann das sehr wohl!*

M: [gibt sich sehr erstaunt] *Tatsächlich? Sie sind im Stande an Ihrer Nachbarin etwas zu schätzen? Na, dann, los! Ich bin gespannt.*

A: [hebt nach kurzem Schweigen zu M gewendet an] *Ich finde es schade, dass meine Nachbarin so selten im Haus Klavier spielt.*

M: [lässt diese Botschaft ein Weilchen auf sich einwirken; dann lächelnd] *Aha! Soso, Sie finden es also schade, dass Ihre Nachbarin so selten zu Hause Klavier spielt* [ausrufend] *Gratuliere, meine Hochachtung! Es gebührt Ihnen Lob und Preis! Ich kann mich nicht erinnern, jemals eine* ***so zarte Annäherung an eine Wertschätzung*** *vernommen zu haben. Erlauben Sie mir eine Interpretation? Ja? So –* ***wie*** *Sie das sagten – könnten Sie gemeint haben, dass Ihre Nachbarin wunderbar Klavier spielen kann, dass Sie mehr und öfter davon hören möchten? Dass Ihnen ihr Klavierspiel Freude bereitet? Dass sie eine wunderbare Pianistin/Musikerin ist? Meinten Sie das damit?*

A: *Ja, das meinte ich damit.*

M: *Wunderbar, das scheint mir eine wahre Wertschätzung zu sein. Schön, dass Sie das* ***mir*** *mitteilen. Könnten Sie diese Wertschätzung auch Ihrer Nachbarin direkt sozusagen ins Gesicht sagen?*

A: [nun bereits mit ein wenig unverhohlenem Stolz] *Klar kann ich das, damit habe ich kein Problem.*

M: *Na dann los! Sie sitzt Ihnen gegenüber! Tun Sie's!*

A: [erstmals in der Sitzung kommt es zu einem offenen freundlich gestimmten Blickkontakt, das Mikroklima ändert sich geradezu schlagartig; B wartet gespannt und empfangsbereit auf A's Botschaft] *Ich will dir sagen, du spielst wunderschön Klavier, du bist eine tolle Musikerin. Es macht mir Freude, dich Klavier spielen zu hören. Ich würde gerne öfter deiner Musik lauschen.*

M: [verwundert und voll Anerkennung] *Wunderbar! Wouwww!!! Toll!!! Ich bin schwer beeindruckt!!! Und ohne das Aber!* [zu B gewandt] *Na? Wie ist diese Botschaft bei Ihnen angekommen? Haben Sie diese als wahre Wertschätzung erlebt?*

B: [tief und frei atmend, lächelnd] *Ja! Sehr wohl! Ich habe das sehr wertschätzend erlebt!*

M: *Wunderbar, das hat ja wirklich geklappt!!* [zu B gewandt] *Das hat wohl sehr gut getan!? Na? Vielleicht wollen Sie sich bei Ihrer Nachbarin dafür bedanken? Wenn ja, dann tun Sie's einfach!*

B: [nun ebenfalls das „du" benützend; außer in den aufflammenden Gefechten sprachen beide nur in der dritten Person übereinander] *Ich danke dir für diese Wertschätzung, das hat mir sehr gut getan.*

M: *Gratuliere beiden Damen, das hat ja toll geklappt!! Es war mir eine Freude, Ihnen dabei zuzusehen* [nun an B gerichtet] *Wie schaut's bei Ihnen aus? Sind Sie nun in der Lage sich bei Ihrer Nachbarin zu revanchieren? Ihr auch eine Wertschätzung/Anerkennung zu zollen?*

B: [zu M gewandt] *Ja! Das kann ich auch! Fällt mir jetzt gar nicht schwer! Meine Nachbarin hat eine Hand für Gewächse. Pflanzen und Blumen gedeihen bei ihr. Davon versteht sie wirklich viel; da hat sie tolle Fähigkeiten – sie weiß, wie man Pflanzen pflegt und behandelt.*

M: *Fein, wunderbar, schön, dass Sie das* **mir** *jetzt sagen! Allein – gegenüber sitzt sie! Wollen Sie ihr das nicht auch direkt mitteilen?*

B: [blickt A ins Auge, welche ebenfalls mit einiger Spannung darauf wartet] *Ich bewundere deine tolle Fähigkeit mit Pflanzen umzugehen, sie blühen, wachsen und gedeihen zu lassen.*

M: [sieht die wohltuende Wirkung bei A] *Fabelhaft! Wunderbar! Scheint als Wertschätzung bei Ihnen angekommen zu sein! Wollen Sie sich nicht auch dafür bedanken?*

A: *Ja, das will und werde ich tun!* [zu B gebeugt] *Ich danke dir, das hat mir jetzt sehr gut getan!*

M: *Verehrte Damen, ich bin beeindruckt! Gerne teile ich Ihnen beiden meine Wertschätzung und Anerkennung mit! Sie haben es tatsächlich geschafft,* ***einen ersten Schritt zu tun!*** *Wer von Ihnen hätte sich das am Beginn unseres Gespräches auch bloß vorstellen können? Wie geht es Ihnen jetzt?*

A, B: *Viel, viel besser! Kein Vergleich!!* [beide lächeln, sitzen sich entspannt gegenüber, klären einige Missverständnisse bezüglich Pflanzen gießen ... kleine Dinge, plaudern angeregt und im besten Einvernehmen ... A bietet an, sich bei Bedarf wieder um B's Pflanzen zu kümmern. Das wird freudig angenommen. M lässt sie eine Weile plaudern, nun sind sie wahrlich im Friedenskontext angekommen, sie wirken erlöst und erleichtert.]

M: [unterbricht und betreibt danach Metakommunikation] *Ich bin schwer beeindruckt, welche Freude – zu sehen, zu hören, zu spüren –* ***wie Sie jetzt miteinander sprechen!*** *Nur ungern unterbreche ich Sie, aber die Zeit ist fortgeschritten, wir haben jetzt intensive zwei Stunden miteinander zugebracht und es wird langsam Zeit, unsere Sitzung zu beenden!*

B: *Ja, Sie haben Recht! Auch ich muss bald meine Tochter abholen.* [beide mit fragendem Blick] *Wie soll's jetzt weitergehen?*

M: *Danke für die gute Frage! Hier mein Vorschlag und zugleich mein weiteres Angebot: Sie haben heute Wunderbares zustande gebracht und einen großen Schritt hin zum Frieden gemacht. Es ist Ihnen wahrlich ein guter Anfang gelungen; dennoch gibt es noch einiges zu tun. Vereinbaren wir jetzt einen Termin in etwa vier Wochen, um dann weiter zu machen. Sie sollten davon ausgehen* [an A, die Pflanzenkundige gewandt], *dass Ihr gemeinsamer Friede noch ein zartes Pflänzchen ist, welches einer behutsamen Pflege bedarf, um zu wachsen und später dann Blüten zu treiben!* [an A, die Musikerin gewandt] *Oder auch ein zart anklingendes Leitmotiv; es muss erst durchkomponiert, variiert, instrumentiert, eine ausgearbeitete Partitur werden, um dann interpretiert, gespielt zu werden, in uns als Symphonie/Musik erklingen zu können ... Sie verstehen davon mehr als ich ...* [zu beiden] *Wenn Sie den heute gewonnenen Frieden festigen wollen, hier mein Vorschlag: Sie könnten ein Grundmuster Ihres Verhaltens während des Krieges beibehalten, es aber inhaltlich umkehren.*

A, B: [augenscheinlich erstaunt, verwundert zu mir blickend] *Was meinen Sie damit??? Können Sie uns das näher erklären?*

M: *Gerne! Wie wir Menschen in Feindschaft verstrickt sind, haben auch Sie sich jede Menge Feindseligkeiten und Übel hinterrücks zugefügt. Ihre „Hausaufgabe" für die nächsten vier Wochen ist folgende: Jetzt im Frieden machen Sie es mit kleinen Freuden, Annehmlichkeiten und Wohltaten ebenso. Konkret könnte das so vor sich gehen. Sie* [zu B gewandt] *finden zum Beispiel an Ihrer Wohnungstüre ein kleines Päckchen mit einer Süßigkeit vor, die Sie besonders lieben, ohne irgendeine Botschaft dabei. Sie denken sich sofort: Eh klar, das war sicher meine Nachbarin! Wer sonst?! Nur sie kann mir hinterrücks diese kleine Freude gemacht haben! Na warte! Der werd' ich's zeigen!! Gleich morgen werde ich ihr Blumen heimlich vor die Türe stellen – und Sie wiederum* [an A gewandt] *finden die Blumen vor und sagen sich: Das könnte meiner Nachbarin so passen, mir hinterrücks so eine Freude zu bereiten! Die wird sich wundern! Gleich morgen werde ich im ganzen Haus herumerzählen, wie wunderbar sie Klavier spielt, welch tolle Frau und begnadete Künstlerin wir da im Haus haben ...*

[A und B lachen aus vollem Hals]

Machen Sie sich auf die Suche, die lange Zeit völlig ausgeblendete Sonnenseite wechselseitig wieder zu entdecken. Um eines jedoch ersuche ich Sie dringend: ***Vermeiden Sie – so gut Sie es können – bis zu unserem nächsten Termin in vier Wochen die Ereignisse des vergangenen Krieges zu thematisieren. Ich verspreche Ihnen, wir werden das zum geeigneten Zeitpunkt gemeinsam tun, nachholen.*** *Erinnern Sie sich noch an die Geschichte mit den zwei Wölfen in uns? Ja? Füttern Sie bis zu unserem nächsten Termin* *den abgemagerten, ausgehungerten; der Ärmste, ich sehe ihn direkt vor mir ... besteht ja nur mehr aus Haut und Knochen; kann sich kaum auf den Beinen halten, nagt am Hungertuch! Ein Bild des Jammers! Der andere Wolf, der fette, ausgefressene, gierige benötigt dringend eine Fastenkur, eine Entschlackungskur; dessen Blutwerte möchte ich nicht haben.* [A, B lachen] *Also dann, viel Spaß beim Friedenstraining! Wir sehen uns also in vier Wochen wieder!*

[Wir verabschieden uns; A und B verlassen in gelöster, fröhlicher Stimmung gemeinsam das Büro.]

[vier Wochen später]

Zweite Mediationssitzung – Phase Zwei der MB: Frieden sichern

[A und B kommen in gelöster und heiterer Stimmung. Sie berichten stolz und unisono, sie hätten in den vergangenen Wochen in bestem Einvernehmen gelebt. Tatsächlich haben sie ihre Hausaufgabe offensichtlich mit Freude erledigt. Sie haben sich gegenseitig allerlei kleine Freuden bereitet. So hat zum Beispiel A für B einen Kuchen gebacken und ihr diesen zum Geschenk gemacht. M begrüßt sie mit Freude, Wohlwollen und vermittelt tief empfundene Wertschätzung und Anerkennung für ihr gelungenes, gemeinsames Werk. Es war ihnen gelungen, meiner dringenden Empfehlung nachzukommen, die schmerzlichen Ereignisse der kriegerischen Vergangenheit vorerst auf sich beruhen zu lassen und somit ein Aufflammen des Krieges zu verhindern. Nun ist es an der Zeit, sich mit den Verletzungen, Wunden, Kriegsschäden auseinander zu setzen. Noch befinden sich M und KL bei lockerem Smalltalk im Wartebereich.]

M: *Bestens! Wunderbar! Meine Hochachtung! Das haben Sie toll gemacht! Ich gratuliere! Na?* [scherzend] *benötigen wir heute wieder den 160er-Tisch von letztem Mal? Oder genügt uns für heute eine Tischbreite von 60 bis 80 cm?*

A, B: [lachend] *Kein Problem, ha, ha, wir brauchen den breiten Tisch nicht mehr! Nun können wir an jedem Tisch miteinander reden.*

M: *Fein! Bestens! Das freut mich sehr! Klingt sehr überzeugend aus Ihrem Munde! Darf ich Sie bitten mir zu folgen?*

M: *Hmm – ja – sehr schön! Bitte! Nehmen Sie Platz! Ich begrüße Sie nochmals ganz herzlich zu unserem zweiten Gespräch. Wenn ich Sie heute so vor mir betrachte, wie Sie sich gegenüber sitzen, ja, kann ich mich nur wiederholen: Ich bewundere Sie!!! Eine tolle Leistung! Sie haben also tatsächlich* ***Frieden getan!!!*** *Erlauben Sie mir eine Frage: Sie erinnern sich vielleicht, letztes Mal fragte ich Sie nach Ihrer Lebensqualität. Sie meinten beide damals, der Krieg hätte Ihnen etwa 80% Ihrer Lebensqualität geraubt. Wie ist das heute für Sie?*

B, A: [unisono] *Hmm – na ja – das hat sich sehr zum Guten gewendet* [einander affirmativ anlächelnd]. *Ich/wir schätzen das Verhältnis hat sich umgekehrt ... wir haben nun etwa 80% oder mehr von unserer ursprünglichen Lebensqualität vor Ausbruch unserer Feindschaft wiedergewonnen – und wir sind sehr froh darüber!*

M: *Wunderbar! Freut mich sehr! Nun ist der Zeitpunkt gekommen, Ihren Frieden nachhaltig zu sichern, auf dass Sie noch lange Freude an ihm haben können. Sie haben sich in bewundernswerter Weise durch die Veränderung Ihrer eigenen, inneren Haltung und Ihrer Kommunikationsweise*

Mittel und Wege geschaffen, um nun die Kriegsgeschichte aufzuarbeiten. Wenn Sie dazu bereit sind, können wir nun damit beginnen, Wunden und Verletzungen, also Kriegsschäden zu behandeln. Allerdings schicke ich einschränkend voraus: ***Wir tun das in Hinblick auf Friedenserhalt und -sicherung.*** *Sie haben beide – wie das in Kriegen geschieht – jede Menge an Verletzungen und Kränkungen erfahren, Wunden verschiedenster Art – von großen, tiefen, die noch immer Schmerz verursachen, bis zu den kleinen Schrammen, die längst verheilt sind ohne Narben zu hinterlassen, reicht die Bandbreite. Nun sind wir bei dem Thema angelangt, welches Ihnen letztes Mal so wichtig erschien. Um den Frieden zu sichern, tut es Not, sich* ***mit heilender Absicht*** *um die Wunden zu kümmern. Das setzt ein gewisses Maß an gegenseitigem Vertrauen voraus und auf beiden Seiten eine möglichst tief empfundene Gewissheit wechselseitigen Wohlwollens.* ***Das ist tatsächlich eine schwierige Sache und kann nur in friedlicher Kooperation gelingen. Versöhnung ist nur möglich, wenn beide Seiten ihren Teil dazu beitragen – hmm – ja! Es ist nämlich so: Sowohl um Verzeihung bitten als auch Verzeihen, ist für uns Menschen meist mehr oder weniger gleich schwierig!*** *Ja!? Okay! Wollen Sie das mit meiner Unterstützung und Anleitung versuchen? Sind Sie nun dazu bereit?*

B: *Ja! Ich bin bereit!*

A: *Ich auch! Ich bin dazu bereit!*

M: *Sehr gut! Lasset uns also damit beginnen. Soll das Werk gelingen, müssen wir wie beim letzten Mal* ***klein anfangen*** *– und zwar Schritt für Schritt –* ***wir behandeln jeweils nur eine Wunde, eine nach der anderen – und zwar in langsamen, angemessenen Tempo – Wunden benötigen auch eine gewisse Zeitspanne, um heilen zu können.*** *Also, at-*

*men Sie **ruhig** durch, lassen Sie Ihren Atem **fließen**, lehnen Sie sich zurück ... machen Sie es Ihrem Körper möglichst **bequem**. Ich stelle Sie nun vor folgende Aufgabe: Gehen Sie in sich – wie gesagt, fangen wir klein an – und suchen Sie mal nach einem Übel, einer Verletzung, welche Sie Ihrer Nachbarin zugefügt haben, nicht die große tiefe Wunde – nein, eine Verletzung, ein Übel, ein Unrecht zu dem Sie sich – Hand aufs Herz – bekennen, und die Folgen ehrlich bedauern. Wählen Sie eine Sache aus, von der Sie zumindest glauben, Ihre Nachbarin könnte Ihnen dies auch verzeihen. Das erfordert einige Empathie – ja – Sie kennen einander doch recht gut – und weil dies wahrlich keine leichte Aufgabe ist, machen wir hier mal eine kleine Pause! Damit Sie sich das in aller Ruhe überlegen können – Okay? – ja!?*

B: [fällt M ins Wort] *Ja, ja! Gerne! Dazu brauche ich keine Pause! Ich kann das gerne sofort tun!*

A: [sehr affirmativ nickend] *Ich ebenfalls! Dazu benötigen wir keine Pause!*

M: [schmunzelnd, sich sehr verwundert gebend] *Oho! Das ist ja unglaublich! Hört! Hört! Ich bin sehr überrascht und beeindruckt* [lächelnd und Augen zwinkernd mit tiefem Blickkontakt mal A, mal B zugewandt] – *andererseits kann ich mir schon vorstellen, dass Ihre Auswahl ziemlich groß ist* [beide lächeln] – *bestens! Dann also los, wer will beginnen?*

B: *Ich will gerne beginnen.* [nun mit Blickkontakt A offen ansprechend] *Ich habe in meiner Wut und meinem Zorn oftmals laut und wild auf deine Tür geschlagen und getrommelt. Das war für dich sicherlich mehr als unangenehm. Das war nicht okay von mir! Das tut mir jetzt sehr leid und ich will mich jetzt bei dir dafür entschuldigen. Kannst du nun diese, meine Entschuldigung annehmen?*

A: [nach kurzer Pause im Blickkontakt mit B verharrend] *Ja! Das kann ich und das tue ich gerne. Ich nehme deine Entschuldigung an.*

M: [zu B gewandt] *Na? Wie war das für Sie? Tut das gut – wenn man wie Sie eben jetzt – Verzeihung erntet?* [B nickt heftig] *Wunderbar, wenn Sie sich dafür bei Ihrer Nachbarin bedanken wollen und auch können, dann tun Sie's.* [vertraulich schmunzelnd] *Damit können Sie sich gleich revanchieren! Der Dank wird nämlich Ihrer Nachbarin gut tun.*

B: [zu A] *Ich danke dir, dass du meine Entschuldigung angenommen hast.*

A: [zu B gewandt, nach einer kurzen inneren Sammlung Anlauf nehmend] *Ich will mich auch bei dir entschuldigen und zwar für die vielen lautstarken und üblen Beschimpfungen im Stiegenhaus – das war natürlich nicht in Ordnung von mir! Ich kann mir gut vorstellen, wie schlimm das für dich war. Ich bedauere das jetzt sehr* [mit fragendem Blick] k*annst du diese, meine Entschuldigung annehmen?*

B: *Ja! Ich nehme deine Entschuldigung an.*

A: [erleichtert] *Ich danke dir!* [beide lehnen sich sichtbar erleichtert, frei atmend zurück]

M: [beide Arme ausbreitend] W*underbar!!! Ich gratuliere Ihnen beiden!!! Großartig!!! Toll!! Sie haben die Aufgabe erstaunlich gut hingekriegt. Es war eine Freude Ihnen dabei zuzusehen. Sie können nun so weitermachen, Zug um Zug!*

Ich würde sagen [M spricht in melodischem, lang gezogenem, gesenktem Tonfall (largo)] *Sie haben jetzt eben schon bei den mittelschweren Wunden begonnen. Viele kleine Schrammen sind Ihnen wahrscheinlich nun schön völlig bedeutungslos geworden, gar nicht mehr erwähnenswert. Einige noch offene, mittelschwere Verletzungen können Sie nun – wie vorhin auch ohne mich, allein unter sich bereinigen? Ja? Stimmen Sie mir zu?* [A und B signalisieren Zustimmung] *Okay, dann wenden wir uns den schwergewichtigen Wunden und Verletzungen und Kriegsschäden zu. Oft ist das eine einzige, aber sehr tiefgehende Geschichte. Eine solche, die für einen anhaltenden Frieden unbedingt behandelt werden muss. Solche Wunden sind mehr oder weniger immer präsent, senden Schmerzen aus; man kennt sie bestens. Die Suche nach ihnen erübrigt sich, weil sie immer – mal mehr, mal weniger – da in uns spürbar sind und schmerzen.* [A und B sind in sich gekehrt, befinden sich augenscheinlich auf ihrer Gefühlsebene, eine gewisse Schwere verbunden mit einer Spannung erfüllt den Raum] *Ich sehe Sie sehr mit sich beschäftigt. Ich frage Sie nun, gibt es in Ihnen eine solche Geschichte? Verletzung? Wunde?*

B: [bricht das Schweigen, holt tief Luft und hebt mit leisem Beben in der Stimme an] *Ja! bei mir gibt es eine so tiefe Verletzung.* [nach kurzem Innehalten zu M gewandt] *Es ist diese Sache im Stiegenhaus, als sie mir* ***vor den Augen anderer Nachbarn diese volle Schüssel gegen meinen Kopf geschleudert hat. Das war ganz, ganz schrecklich!!!***

A: [fällt ihr jäh und lautstark ins Wort] ***Ja, aber das war nur, weil du vorher im Stiegenhaus ...***

B: [mit hoch erregter Stimme, heftig gestikulierend] ***Aber nur, weil du ...***

[A und B fauchen sich an wie kämpfende Wildkatzen; schreien und gestikulieren wild und zugleich – ein beeindruckender Rückfall in das Kriegsmuster. In einer Minute sind sie etwa auf Puls 160.]

B: [erhebt sich vom Sessel und schreit] ***Aus!!! Nein!!! Dann eben nicht!!! Dann sehen wir uns bei Gericht!!! Gericht!! ... du bist eine Lügnerin!!!***

A: [ebenfalls schreiend] ***... meinetwegen ... wenn du das so haben willst!!! Dann eben Gericht!!! Glaubst du vielleicht, ich fürchte mich davor?!?!***

B: ***Das werden wir ja sehen!! Aus!! Ende! Ich gehe! Das geb' ich mir keine Sekunde länger! Lügnerin!!! Du bist eine gemeine Lügnerin!!!***

M: [mutiert zu einem Ringrichter bei einem aus allen Fugen geratenem Freistil-Ringkampf; es hagelt Fouls. Erbitterter Infight; M unterbricht mit allen ihm zu Gebote stehenden Mitteln. Erstes Ziel ist es, den Puls beider Kombattantinnen wieder zu senken.] ***Stopp!!! Stopp!!! Aus!!! Moment! Moment! So geht das nicht!! Meine Damen!!! Haltet ein!!!*** [zu B gewandt] ***Bitte!! Ich bitte Sie!!*** *Setzen Sie sich erst mal wieder in Ihren Stuhl; ich sehe, wie Ihnen beiden zumute ist.* ***Ich bitte Sie um etwas Geduld – und wenn dann Ihr Pulsschlag wieder gesunken sein wird – nicht jetzt – aber vielleicht in ein, zwei oder drei Minuten – dann werde ich Sie um etwas Aufmerksamkeit bitten.*** *Ich werde Sie bitten, mir noch ein klein wenig zuzuhören. Die Gerichte laufen Ihnen nicht davon, prozessieren können Sie – wenn Sie das wollen – über Jahre hinweg. Einige Berufsstände leben ja ganz gut davon. Apropos Pulsschlag – Wissenschaftler haben entdeckt und empirisch bewiesen, dass ab einem Pulsschlag von 100 unsere*

Wahrnehmung ***verrückt*** *wird, uns üble Streiche spielt. Wir nehmen dann Dinge wahr, die gar nicht vorhanden sind und umgekehrt blenden wir Dinge aus, die sehr wohl vorhanden sind, Wenn wir Menschen also mit Puls gegen 100 und mehr einander verstehen wollen, ist das so ähnlich, als wollten wir während eines Erdbebens die Gesetze des freien Falles studieren.*

[A und B haben wieder Platz genommen; Rollläden herunten; dem aufgeflammten hitzigen Gefecht folgt nun ein frostiges Schweigen; perfekte Blickkontakt-Vermeidung, abweisende, verschlossene Körpersprache]

M: [mit empathischem Lächeln] ***... pffffhhuu!!! Woouuwwwww!!! Pffffff!!!*** *Ich bin wirklich beeindruckt! Sehr überzeugend! Diese zwei Minuten Nahkampf genügen mir, um mir all Ihre Schlachten und Scharmützel, die aufflammenden heißen Phasen Ihres Krieges auszumalen! Will ich jedoch nicht! Mache ich auch nicht! Ich will Ihnen behilflich sein, wieder etwas ruhiger und klarer im Kopf zu werden. Ich kann Ihnen aus meiner langjährigen Erfahrung als Mediator nur sagen: Solcherlei Rückfälle in das Kriegsmuster sind die Regel nach langen, heftig geführten Kriegen. Damit muss man immer rechnen – das musste wohl so kommen. Einstweilen – während sich Ihr Pulsschlag* ***langsam*** *wieder* ***senkt*** *und Ihr Blut wieder* ***gemächlicher, ruhiger*** *in Ihren Adern zu fließen beginnt und Sie beginnen, wieder* ***gelassener, tiefer ein- und aus zu atmen,*** *will ich Ihnen eine kleine Geschichte erzählen, als Pausenfüller sozusagen* [lächelnd und augenzwinkernd] ***... wahrscheinlich hat diese Geschichte gar nichts – Sie wissen schon ...*** *Sie spielt sich nämlich unter Männern, im fernen Osten, in längst vergangener Zeit ab.*

[M beginnt in betont langsamen Rhythmus – wie auch gerade zuvor – die Stimme melodisch intonierend mit ausladender Körpersprache die Geschichte zu erzählen.]

*Ein stolzer Samurai, sucht einen Zen-Meister auf, der ob seiner Weisheit im ganzen Land gerühmt und geachtet wird. Der Meister empfängt ihn und fragt den Ritter: „Was willst du?“ Der Samurai darauf: „Ehrwürdiger Meister, du bist ob deiner Weisheit überall hoch geschätzt, ich will von dir eine Antwort auf eine Frage, die mich sehr bewegt: Gibt es den Himmel und die Hölle wirklich?“ Der Meister fragt: „Wer bist du?“ Der junge Kämpfer mit stolz geschwellter Brust: „Ich bin ein Samurai!“ Der Meister beginnt laut und verächtlich zu lachen und überschüttet den Samurai mit Spott, Hohn und Verachtung: „Was? Du ein Samurai? Nie und nimmer! Du bist ein aufgeblasener Trottel, ein nichtswürdiges Arschloch, ein Vollkoffer …“ Der Samurai, tief in seiner Ehre gekränkt, zieht in aufflammender Wut sein Schwert aus der Scheide und ist eben dabei, auf den Meister mit erhobener Waffe loszustürmen. Da herrscht ihn der Meister an: **„Stopp! Halte ein!“** Der Ritter steht vor ihm mit gezogenem Schwert. Nun spricht der Meister ruhig und gefasst die Worte: „Jetzt, in diesem Augenblick befindest du dich an der Schwelle zum Tor in die Hölle.“ Der Samurai löst sich langsam aus seiner Erstarrung und mit demütiger Ehrerbietung lässt er sein Schwert wieder in die Scheide gleiten, verneigt sich tief vor dem Meister und spricht: „Ich danke dir.“ Darauf der Weise: „Und jetzt befindest du dich an der Schwelle zum Tor in den Himmel.“*

[Da Geschichten eine gewisse Zeitspanne benötigen, um in uns *einzusickern* und nur so ganzheitlich, also auch im

Unbewussten, *beyond the words*, ihre heilende Tiefenwirkung entfalten können, ist dies der richtige Zeitpunkt für eine Pause.]

M: *Hmm – ja – ich danke Ihnen für Ihre Geduld und Aufmerksamkeit, die Sie meiner Geschichte angedeihen ließen. Ich denke, eine kleine Pause von etwa zehn Minuten wird uns jetzt allen gut tun. Ich hole Sie danach wieder ab. Kaffee? Ein angenehm kühles Glas Wasser?*

[Pause]

[Nach der Pause ist die Stimmungslage völlig verändert. Das Mikroklima konstruktiv – das kleine Gewitter hat sich verzogen. M wartet – heitere Gelassenheit ausstrahlend – bis die KL wieder Platz genommen haben, lässt das Schweigen einige Sekunden länger als üblich im Raum schweben und beginnt zu sprechen.]

Nun, nach unserer kleinen und wie ich hoffe auch für Sie erholsamen Pause erlaube ich mir, Sie beide zu fragen: Wollen Sie denn wirklich wieder zurück in den Kriegszustand? Mal heiß, mal eiskalt? Mit all diesen Schrecknissen und Ärgernissen? Ängsten? Bedrohungen? Wollen Sie all das, was Sie beide seit Beginn unserer ersten Sitzung zum Teil sehr mühevoll erreicht haben, wieder mit einem Schlag über Bord werfen? So nahe am Ziel? Ich erneuere von Herzen gern mein Angebot und würde mich sehr freuen, wenn Sie dieses annehmen könnten, Sie durch diese gewiss schwierige Etappe zu leiten und zu begleiten. Denn [an A gewandt], *ob Sie mir glauben oder nicht und ich übe meinen Beruf seit etwa 17 Jahren aus, nach meiner Erfahrung und Einschätzung wird es keinen anhaltenden Frieden zwischen Ihnen in diesem Haus geben, solange diese eben wieder aufgebrochene Wunde nicht Heilung erfahren hat.* [B nickt zustimmend] *Also, hier mein Angebot und mein Vorschlag: Lasst uns gemeinsam davon ausgehen, die Szene von vorhin war ein schmerzlicher, aber vielleicht gerade deshalb lehr- und hilfreicher Rückfall. Wenn Sie jetzt dazu bereit sind, starten wir einen neuerlichen Versuch, diese Stiegenhaus/Schüsselgeschichte zu bereinigen und zur Heilung dieser Wunde beizutragen. Ich bin sehr zuversichtlich, dass Ihnen das mit meiner Hilfe gelingen wird. Vielen Menschen in ähnlicher Situation ist es schon gelungen. Sind Sie dazu bereit?*

A, B: *Ja! versuchen wir's! Ich bin dazu bereit! Ich auch!*

M: [Intervention: Trennung von Intention und Auswirkung] *Okay! Also versuchen wir es nochmals. Diesmal wieder langsam, Schritt für Schritt – ich danke Ihnen für Ihr Vertrauen – ich werde mich bemühen, mein Bestes zu geben. Vorerst eine Frage an Sie, Frau A: Nehmen Sie es Ihrer Nachbarin ab, dass sie bei dem Vorfall nicht bloß körperlich, sondern auch seelisch tief verletzt wurde? Glauben Sie ihr das?*

A: *Ja, das ist mir klar. Das war sicher sehr schmerzhaft und schrecklich für sie ...* ***aber ...***

M: [unterbricht sie im selben Atemzug rigoros] ***Stopp!! Moment! Moment!*** [mit heftig zu den Göttern erhobenen, ausladenden Händen] *Ich bete zu den Göttern. Ich bitte Sie mit erhobenen Händen –* ***lassen Sie das Aber und alles danach beiseite.*** *Wissen Sie, wie man in Amerika das nennt, wozu Sie eben ansetzten? Nein? Dort gibt es dafür eine sehr treffende Redewendung ... man sagt „****to serve shit on cream****", also zu Deutsch: jemandem Scheiße unter der Sahnehaube servieren.* [beide lachen] *Das tun wir alle in gewissen Situationen,* ***meist ohne dass wir uns dessen bewusst werden.*** *Sehr oft kommt nach einem* ***Aber*** *die Schei-*

ße nach – also bitte ich Sie beide: Servieren Sie nicht ***shit on cream****! Mit Ihrer Erlaubnis werde ich darauf achten und Sie darauf – wie eben jetzt – hinweisen. Okay? Sind Sie damit einverstanden? Danke! Sehr gut! Denn mit „shit on cream" kann unser Vorhaben nicht gelingen. Also noch mal zurück zur Verletzung, die Sie damals verursacht haben. Sie glauben ihr also all das Schmerzhafte?*

B*: Es war wirklich schrecklich. Ich musste in die Unfallambulanz ... hatte noch wochenlang Kopfschmerzen und dann diese – wie soll ich es nennen? Ja – es war – wie soll ich es nur bezeichnen?* ***Ja, es war demütigend!*** *Einfach schrecklich, so verletzt und verunstaltet vor den Nachbarn – so da zu stehen – diese Soße auf meinem Kopf, meinen Kleidern, der höllische Kopfschmerz – all das Blut, das an mir herabfloss ...*

M: [unterbricht mit tiefem empathischen Blickkontakt] *Ja, das war gewiss für Sie eine schmerzhafte, ganz, ganz schreckliche und wie Sie sagten auch demütigende Szene! Und nun richte ich die nächste Frage an Sie: Ihre Nachbarin hat all das an Ihrem Körper, an Ihrer Seele verursacht. Meine Frage an Sie lautet:* ***Glauben Sie, dass Ihre Nachbarin all das auch beabsichtigt hat? Das es ihre gezielte Absicht war, Sie so zu verletzen?***

B: *Nein! Sicher nicht! Nein, das glaube ich nicht! Sie hat in ihrer Wut, in unserem Streit diese Schüssel in meine Richtung geschleudert – ich bin sicher, sie wollte mir keine Kopfverletzung zufügen.* [A hört mit wachem Interesse zu und wirkt merklich erleichtert.]

M: *Gut, das ist schon mal ein erster, wichtiger Schritt, die Intention, die Absicht von den Auswirkungen zu unterscheiden. In kriegsähnlichen Situationen neigen wir Menschen meistens dazu, unseren Feinden grundsätzlich zu unterstellen, alle Verletzungen seien mit voller Absicht geschehen.* [nun zu A gewandt] *Also Frau A, nun wieder zu Ihnen ... wir stimmen nun alle überein, dass Sie diese üble Verletzung auf Seiten von Frau B zwar verursacht haben, jedoch nicht gezielt beabsichtigten. Wollen Sie nun versuchen, einen großen Schritt zum Frieden hin zu tun? Vorerst liegt es an Ihnen, den ersten Schritt zu einer echten Versöhnung zu machen ... nämlich Ihre Nachbarin zu ersuchen, Ihnen die zugefügten Schmerzen zu verzeihen?*

A: [nach einigem Zögern] *Ja, ich will es versuchen.*

M: *Gut, dann tun Sie es. Ihre Nachbarin sitzt Ihnen gegenüber und so wie sie aussieht, wartet sie schon lange darauf.* [B nickt zustimmend.]

A: [sammelt sich, räuspert sich ... dann sagt sie B anblickend] *Es tut mir leid, dass das passiert ist* [Die gespannte Erwartung in Miene und Körperhaltung von B verwandelt sich jäh in Enttäuschung.]

M: [zu B gewandt] *Hmm – tja – war wohl ein erster, zarter Versuch! Wie ist dieser bei Ihnen angekommen?*

B: *Nein ... das ist mir zuwenig,* ***so kann ich dir nicht verzeihen*** *– nein ich kann's einfach nicht!*

M: ***Noch nicht! Sie können ihr jetzt noch nicht verzeihen!*** *Wie gesagt – das ist eine schwierige Sache – wer ist darin schon geübt? Obwohl es für uns alle vieles im Leben erleichtern würde. In einem ganzen, langen Leben wechseln wir oft die Rollen, mal verletzen wir, mal sind wir die Verletzten, mal wäre es an uns, um Verzeihung zu bitten, mal ist es an uns, verzeihen zu können. Wenn dies wirklich* *gelingt, von Herz zu Herz, dann ist es für beide Seiten eine Erlösung und Befreiung.* [A sitzt schweigend und ziemlich hilflos still da. Schweigen füllt den Raum.]

A: [mit fragender Miene an M] *Ich hab ehrlich gesagt keine Ahnung. Ich weiß nicht, was ich tun soll –* ***wie*** *tut man so etwas?*

M: *Wie gesagt – ist nicht ganz einfach, wenn man darin keine Übung hat! Dies ist eine gute Gelegenheit, diese Kunst zu erlernen, einzuüben.* [an A gewandt] *Ihr erster Versuch, Frau A, ist ein geradezu klassischer erster Versuch* ***„Es tut mit leid, dass das passiert ist"*** *– diese Botschaft ist so diffus, allgemein und unpersönlich wie nur möglich. Sie können diesen Satz auf tausenderlei Vorfälle beziehen, auf den Zweiten Weltkrieg wie auf den Hunger in der Welt, den Einsturz der Reichsbrücke, den Tsunami, die Opfer im Straßenverkehr usw., usw. Weder Ihre Nachbarin, noch deren Schmerzen, noch Ihre Beteiligung kommen darin vor, wie soll sie sich* ***so*** *angesprochen fühlen? Diese Botschaft enthält keinen Wunsch, keine Bitte – selbst wenn Frau B ernsthaft und fest beabsichtigt, Ihnen zu verzeihen. Mein Eindruck ist, sie hat das wirklich vor, aber es ist ihr* ***so nicht möglich.*** *Gewiss, Sie haben sich bemüht.* [an beide gerichtet fährt M nach einigem Schweigen fort] *Darf ich es einmal versuchen? Erlauben Sie mir beide einen Versuch, eine Bitte um Verzeihung – sagen wir als eine Art Trockentraining – vorzutragen?*

[beide stimmen erleichtert zu] *Ja, sehr gerne, selbstverständlich ... ja zeigen Sie uns das einmal vor ...*

[M „doppelt" eine Intervention aus dem Psychodrama. Er erhebt sich von seinem Stuhl, begibt sich an die Seite von A, genau gegenüber von B, stellt intensiven Blickkontakt her, sammelt sich, atmet tief ein und spricht B mit ihrem Vornamen an.] *Liebe ..., ich habe dir damals, als ich in meiner Wut diese Schüssel nach dir warf, diese Wunde zufügte, ein schweres Unrecht angetan. Ich weiß, ich habe dir nicht allein körperliche Schmerzen zugefügt, sondern dir auch tief in der Seele wehgetan. Ich bedauere das sehr. Ich kann dir nachempfinden, wie schlimm diese Verletzungen für dich waren und ich kann mir vorstellen, wie schwer es dir fällt, mir diese zu verzeihen. Ich bitte dich, mir mitzuteilen, was ich dazu beitragen kann, damit es dir weniger schwer fällt, mir zu verzeihen.* [nach einigen Sekunden Stille lächelt B]

M: [B fragend] *Wie war dieser Versuch für Sie? Könnten Sie mit einer solchen Botschaft etwas anfangen? Wenn sie wirklich von Herzen käme – könnten Sie dann verzeihen? Was glauben Sie?*

B: [lächelt] ***Ihnen** würde ich alles verzeihen!* [alle lachen]

M: *Naja, da bin ich anderer Meinung – trotzdem bedanke ich mich für Ihren Großmut.* [M wechselt wieder zu seinem Sitzplatz und fährt scherzend fort] *Ich habe es ja wirklich sehr, sehr leicht gehabt, ich bin ja nicht involviert; ich habe keine gemeinsame Kriegsvergangenheit; ich habe Sie auch nicht verletzt.* [zu B gewendet] *Wenn eine ähnlich klingende Botschaft aus Mund und Herz Ihrer Nachbarin an Sie gerichtet würde? Wäre das hilfreich? Wären Sie überhaupt bereit, eine solche Botschaft auch zu empfangen? Wäre auch Ihr Herz, Ihr Bauch bereit, einer solchen Botschaft Einlass zu gewähren?*

B: [richtet sich in ihrem Stuhl auf, neigt sich nach vorn, ihrer Nachbarin zu, die Hände auf dem Tisch] *Ja, ich denke schon. Ja – ich bin empfangsbereit!*

M: *Bestens! Wunderbar! Und nun zu Ihnen, Frau A! Sie sehen Ihre Nachbarin empfangsbereit. Die Zeichen stehen günstig – wollen Sie es nochmals versuchen?*

A: [setzt sich aufrecht, nimmt Blickkontakt mit B auf] *Ja! Ich will es versuchen, warum auch nicht?*

M: [lehnt sich zurück und begibt sich demonstrativ in eine beobachtende Haltung] *Na dann – just do it!*

A: [sammelt sich, beide tief einander in die Augen blickend, die Spannung steigert sich] *Hmm …* [sie atmet tief ein] *Ich habe dich in meiner Wut damals schwer verletzt und dir dabei Unrecht und Leid zugefügt – nicht nur körperlich, sondern auch seelisch. Ich bedauere es sehr, dir all diese Schmerzen zugefügt zu haben.* [A verstummt, beide noch im Blickkontakt, beide voll angespannter Erwartung – doch der *Geburtsvorgang* stockt. Es fehlt noch ein letztes zur erhofften und erwarteten heilenden Wirkung von Versöhnung.]

M: [spricht in vertraulichem Flüsterton zu A, welche die ganze Zeit über den Blickkontakt zu B aufrechterhält] *Sie haben es bisher wunderbar gemacht – allerdings fehlt noch etwas um das Wunder vollkommen zu machen. Sie müssen wissen – und das gilt für alle Menschen auf diesem Planeten – wir können erst wirklich verzeihen – auch wenn wir es noch so sehr wollen –, wenn wir* ***vorher*** *darum gebeten werden. Also fügen Sie noch diesen einen wichtigen Satz hinzu und richten Sie an Ihre Nachbarin diese Bitte.*

A: [nach einigen Sekunden der gespannten Stille fasst sie sich ans Herz und fügt die klar und einfach formulierte Bitte hinzu] ***Ich bitte dich, mir zu verzeihen.***

B: [die gespannte Erwartungshaltung löst sich in ihrer Miene auf, sie atmet erleichtert aus] ***Ja! Jetzt kann ich dir verzeihen! Ich verzeihe dir!***

Erleichtert und erlöst erheben sich beide zugleich von ihren Stühlen. Vier Hände und zwei Herzen umarmen sich über den Tisch hinweg und quasi als Nachgeburt der gelungenen Versöhnung fließen Tränen aus ihrem bewegten Inneren – über beider Antlitz macht sich aus dem Weinen heraus ein inniges Lächeln breit – ein Strahlen, welches jeder kennt, der solches schon mal selbst erlebt hat.

3. Storytelling – Geschichten arbeiten lassen und andere Interventionen

Erlauben Sie mir, Ihnen eine *Meta-Geschichte* zu erzählen. Eine Geschichte über *Storytelling* als Intervention in einer Mediation.

Wir befinden uns in meinem Büro. Das Ex-Paar in frostiger Atmosphäre an getrennten Tischen einander den Rücken zukehrend im Wartezimmer. Wechselseitige Anzeigen wegen gefährlicher Drohung. Fortgeschrittener Rosenkrieg. Unter Beiziehung von Rechtsanwälten tobt dieser seit fast zwei Jahren. Es gibt keine Einigung bezüglich des gemeinsamen Eigenheimes. Offener Hypothekarkredit. Keiner der beiden kann die Liegenschaft allein erwerben. Beide Rechtsanwälte raten ihren KL dringend davon ab, aus dem Haus auszuziehen, solange die Gütertrennung nicht erfolgt ist. So leben sie nun schon viele Monate zu dritt in dem Haus. Ex-Frau mit neuem Lebensgefährten (vormals heimlicher Liebhaber, nach Aufdeckung durch den Ehemann Anlass für die Scheidung) im ersten Stock, Ex-Mann im Parterre. Das Haus verfügt jedoch bloß über ein Badezimmer und eine Küche! Sie leben in kaltem Krieg, versuchen sich – so gut es geht – zu meiden. In Küche und Bad jedoch kommt es immer wieder zu hasserfüllten, hitzigen (Wort)Gefechten. Beide gaben zu Protokoll, um ihr Leben zu fürchten und massiven Drohungen ausgesetzt zu sein. Kurz: Die Situation ist für alle unerträglich. Es geht nicht anders, aber so geht es auch nicht.

Während ich mich auf den Fall einstimme, fällt mir dazu eine Geschichte ein: *Geschlossene Gesellschaft*, ein Theaterstück von *Jean Paul Sartre*. Ich beschließe spontan, die Mediationssitzung mit dem Erzählen dieser Geschichte zu beginnen. Also los! Frisch fröhlich und furchtlos, mit freundlichem Lächeln, offenem Herzen und ebensolcher Körpersprache begrüße ich die beiden und führe sie *smalltalk*-plaudernd in das Gesprächszimmer; ersuche sie Platz zu nehmen und bereite den Boden vor, um meine Geschichte auszusäen. Ich begrüße sie nochmals ganz herzlich, tue was ich kann, um ihnen vorerst die Situation so angenehm wie nur möglich zu machen, zur Entspannung und Entkrampfung beizutragen und ihre Aufmerksamkeit für meine Geschichte zu gewinnen.

... als ich eben vorhin Ihren Gerichtsakt durchblätterte, ist mir eine Geschichte eingefallen – wahrscheinlich hat sie gar nicht mit Ihnen zu tun. Ich will sie Ihnen trotzdem gerne erzählen. Das mag Ihnen jetzt sehr sonderbar erscheinen ... ich ersuche Sie um ein wenig Geduld und Ihre Aufmerksamkeit ... wir werden nach dieser Geschichte sofort mit der Mediation beginnen. Sind Sie damit einverstanden? ... Okay? ... Danke! ...

Es folgt nun keine Transkription meiner Erzählung. Ich will jedoch für alle, die *Sartres* Stück nicht kennen bzw. sich nicht ausreichend daran erinnern, den Kern der Geschichte wiedergeben: Sie handelt von drei Menschen, die nach ihrem Tod im Jenseits ankommen. Alle drei erwarten, in der Hölle, in einem Inferno à la Dante zu landen, finden sich jedoch zu ihrem größten Erstaunen zu dritt in einer gutbürgerlichen Hotelsuite wieder. Allerdings gibt es kein Bett und kein Schlafzimmer und die Protagonisten können ihre Augenlider nicht schließen. In diesem Totenreich gibt es keinen Schlaf. Einander unbekannt, beginnen sie zueinander Beziehung aufzunehmen, sind neugierig, wollen herauszufinden versuchen, wieso die jeweils Anderen in der Hölle gelandet sind ... Dabei entsteht eine Eskalationsdynamik nach dem Muster: Jeder der drei Protagonisten will gerade von der Person Zuwendung, Liebe, Anerkennung, Wertschätzung, von der sie verachtet wird. Zugleich verachten sie die Person, die ihnen Liebe entgegenbringt. Ein grausames, unerträgliches Spiel, bei dem sie jedoch alle davon ausgehen, in diesem Raum eingeschlossen zu sein (daher der Titel). Fest in diesem Glauben verharrend, zerrt einer der Drei trotzdem laut schreiend und fluchend an der Tür – und siehe da – sie öffnet sich. Er macht einige Schritte hinaus – Schweigen füllt den Raum – dann kehrt er jedoch um und beschließt zu bleiben, gerade der Person wegen, die ihn verachtet. Auch die beiden anderen beschließen zu bleiben und so beginnt das Spiel aufs Neue, die Eskalationsspirale dreht sich bis sich schließlich ein Mord anbahnt, indem A ausholt, um B ein Messer in die Brust zu stoßen. In diesem hochdramatischen Augenblick beginnt C, die Szene gelassen beobachtend, lauthals zu lachen *hahahah!!! hahahah!!!* ... der angehende Mörder hält inne und fragt C irritiert, was es denn nun, verdammt noch mal, zu lachen gäbe? C gibt weiter laut lachend die Antwort: *Stich nur zu, Mord ist hier keine Lösung – denn wir sind schon tot!* A lässt das Messer sinken – schweigend und ratlos stehen A, B und C im Raum. Der Vorhang fällt. Sie haben nun begriffen, was die Hölle ist. *Die Hölle, das sind die Anderen* ist wohl das bekannteste Zitat aus diesem Stück. So komme ich mit dieser Geschichte vor meinen KL zu Ende. Sie sitzen schweigend, in sich gekehrt da. Ich belasse sie eine Weile in ihrem Schweigen, um dann an beide gewandt fortzufahren.

Hmm ... tja ... ich danke Ihnen für Ihre Geduld und Ihre Aufmerksamkeit, die Sie meiner Geschichte erwiesen haben. Es mag Ihnen vielleicht sonderbar erscheinen, aber in gewisser Weise beneide ich Sie ... [beide blicken mich etwas irritiert und erstaunt an] ... *Ja! In der Tat, und ich teile Ihnen auch gerne mit, warum ich Sie um Ihre Situation beneide ... weil – nämlich ... hmm ... sollten Sie einst in der Hölle landen – werden Sie sich dort wie zu Hause fühlen! ... So – nun haben wir uns alle wohl eine kleine Pause verdient. Wir machen jetzt etwa zehn Minuten Pause, ich hole Sie danach wieder aus dem Wartebereich und dann beginnen wir mit der Mediation.*

[Gesagt, getan. Nach der Pause sitzen sie sichtlich bewegt und nachdenklich vor mir. Auf die Frage, was sie gerade beschäftigt, bewegt, hebt der Mann, an mich gewandt, an zu sprechen] ... *Ich habe mir in der Pause nun einiges überlegt und einen Entschluss gefasst. Und ich bin mir dessen nun voll und ganz sicher und niemand wird mich davon abbringen können: Ich ziehe aus! Und ich habe mir auch schon überlegt, wie ich zu einer Wohnung komme, ein Kollege von mir hat da eine günstige Wohnung ...*

Sie: *Was heißt hier du ziehst aus? Ich ziehe aus!!!*

Ich wurde daraufhin Zeuge eines vorerst sehr belustigenden Streites, wer von beiden mehr und bessere Gründe hat, auszuziehen, danach einer sehr konstruktiven Verhandlung und raschen Einigung: Sie beschlossen, das Haus zu verkaufen, den Kredit zu bedienen und den verbleibenden Rest zu teilen – Ende der Geschichte.

Nun stellen Sie sich vor, Sie fangen bei einem solchen Fall an mit *Phase Eins: Themen/Probleme* sammeln etc.

Über die segensreiche Wirkung von Storytelling

Stimmige Geschichten/Metaphern – stimmig erzählt – können oft Erstaunliches bewirken. Wie schon erwähnt, sind Geschichten/Mythen/Metaphern ein Bedeutungssystem zweiter Ordnung, mehrdeutig und bilden darüber hinaus ein Muster ab. Sie sind ideales Vehikel einer *Mehr-Ebenen-Kommunikation*[14], wenden sich sowohl an die linke Gehirnhälfte als auch und besonders – die adäquate Sprache und Sprechweise vorausgesetzt – an die rechte, den Bauch, an ganzheitliches, emotionales, bildhaftes Erfassen – *beyond the words.* Wir alle leben in Geschichten, sowohl als Individuen wie als Teil eines Kollektives *(LO, LU)* Wir konstruieren, erschaffen uns permanent selbst *(Autopoiesis)* über unser eigenes Lebens-Skript, unsere Lebensgeschichte, verwoben mit und geprägt durch einen Kanon an Märchen, Mythen, Archetypen, Bilder, Symbolen, Ursprungsmythen, Kosmogonien etc. Die allermeisten sind uralt, kehren in verschiedenen Kulturen zu verschiedenen Zeiten in verschiedenen Gewändern wieder. *Harry Potter* zum Beispiel beinhaltet alle wesentlichen Elemente des Heldenmythos. Wie *Zeus, Jesus, Artus, Ödipus etc.* wächst auch unser *Harry* als Stiefkind auf, während seine wahre Herkunft vorerst im Dunkeln bleibt. Seit tausenden von Jahren wird der Heldenmythos tausendfach immer wieder neu erzählt: *Gilgamesch, Perseus, Odysseus, Kadmos Beowulf, Parceval, Siegfried,* der *Terminator, James Bond* ... in Hollywood und Bollywood, in Literatur, Theater etc. Die Helden kämpfen gegen

14 Vgl. Milton H. Erickson

Drachen, die dunklen Mächte, das Böse, bringen letztlich Heil und Erlösung.

Joseph Campbell hat in seinem grandiosen Lebenswerk *Die Masken Gottes* die Mythen der gesamten Menschheit bereist, gesammelt, beforscht und nachgewiesen, dass sich alle Mythen und Religionen dieser Welt letztlich um dieselben, wenigen Themen ranken; dass alle Erscheinungsformen des Göttlichen in allen Religionen dieses Planeten bloß Masken eines gemeinsamen göttlichen Prinzips sind und *Campbell* findet sich am Ende seiner Forschung in seinem lange und treulich gehegten Gedanken bestätigt: „ ... *den Glauben an die Einheit der ganzen Menschheit, nicht nur in ihrer biologischen Beschaffenheit, sondern auch in ihrer Seelengeschichte. Diese Geschichte hat sich überall in der Art einer einzigen Symphonie entfaltet, deren Themen angekündigt, entwickelt, ausgemalt und umgekehrt, verzerrt und wiedergefunden werden und heute in einem großartigen Fortissimo aller zusammenklingenden Teile unaufhaltsam auf einen gewaltigen Höhepunkt zutreiben, aus dem die nächste große Bewegung hervorgehen wird. Und ich sehe keinen Grund, weshalb irgendjemand meinen sollte, dieselben bereits vernommenen Motive würden in der Zukunft nicht immer noch fortklingen – durchaus in neuen Verbindungen, aber beständig dieselben Motive.*“ [15]

15 John Campbell: „Die Masken Gottes“, Band 1, Deutscher Taschenbuchverlag, München 1996, S. 9

Wir Menschen lernen durch übergreifende Muster, indem wir gespeicherte/erlebte Muster/Situationen auf neue übertragen und zwar sowohl bewusst denkend als auch intuitiv, unbewusst erfassend. Und genau das kann eine Geschichte bewirken. *„Es kommt nicht darauf an, diese Welt zu verstehen, sondern sich in ihr zurecht zu finden" (Albert Einstein).* Mit logisch stringentem, linear kausalem Denken allein stoßen wir sehr bald an Grenzen, wenn wir mit und in unserem Leben Orientierung finden, wichtige Entscheidungen treffen, Beziehungen, Lieben und Freundschaften gewinnen und pflegen wollen.

Geschichten können eine wichtige Hilfe zur Orientierung in unserem sehr komplexen Leben sein. Wenn wir aufmerksam eine Geschichte hören/sehen/lesen, werden unwillkürlich *Suchprozesse* in uns ausgelöst. Wir beginnen bewusst denkend, zugleich unbewusst, intuitiv erfassend, nach Bezügen zu unserem eigenen Leben, unserer aktuellen Situation, zu unserer persönlichen Geschichte zu suchen. *Shakespeare* lässt *Hamlet* diesen Effekt strategisch nutzen. In dieser berühmten Szene – Theater im Theater – lässt *Hamlet* am Hofe Schauspieler einen Königsmord vor den Mördern seines Vaters aufführen.

Einige Hinweise zum Einsatz von Geschichten

Wie setzt man Geschichten als Intervention ein? Wie erzählt man sie? Wie und wo kann man das lernen? Das Erzählen von Geschichten ist wohl die älteste Kulturtechnik der Menschheit. Viele Jahrtausende hindurch wird/wurde Wissen, Weisheit, Kultur im weitesten Sinn oral weitergegeben, in Geschichten, in Gesängen, in Tänzen, in Ritualen.

Allerlei Arten von Geschichten, Bildern, Metaphern können hilfreich wirken. Märchen, Mythen, Witze, Sprüche wie auch Szenen aus Literatur, Film, Theater aber auch tatsächliche oder adaptierte, *maßgeschneiderte* Fallgeschichten. Sie alle können wunderbare Träger von anderen Sichtweisen, Lösungsansätzen, positivem Stimmungswandel, *Suchprozessen* und oft erstaunlich wirksamen *Indirekten Suggestionen* sein. Die wesentlichen Parameter beim Storytelling sind also die Auswahl der angemessenen Geschichte (Muster), die den KL adäquate Einkleidung/Inszenierung, Sprache, Erzählweise, der Rhythmus, die Melodie, die gesamte Parakommunikation sowie ihre Ankündigung/Vorbereitung.

Ich kündige meinen KL Geschichten/Metaphern/Bilder als quasi unbedeutendes Beiwerk an, oft als *Pausenfüller*, als etwas, was ... *wahrscheinlich mit Ihnen gar nichts zu tun hat* ... als etwas ... *Verrücktes, meiner abstrusen Phantasie Entsprungenes* ... oder: ... *ich habe keine Ahnung warum ... wahrscheinlich passt das gar nicht hier her, aber da fällt mir eine Geschichte ein ...*

Wir alle erzählen permanent Geschichten. Geschichten erzählen fällt ins Fach der Musen, hat viel mit Musik und Bewegung/Tanz zu tun. So wie wir tanzen, singen, musizieren, performative/darstellende Kunstfertigkeiten erlernen, so auch das Geschichten erzählen. Wie bei allen musischen Künsten sind wir verschieden talentiert, bedürfen daher mehr oder weniger Übung, um damit arbeiten zu können. Wir alle haben eine gewisse Erfahrung und Routine darin. Oft jedoch lassen wir diese und andere Fähigkeiten in einem Arbeitskontext nicht zu. Wir erzählen (unseren) Kindern wunderbar Geschichten, meinen aber, ein solcher oder ähnlicher Erzählstil habe in einem professionellen Kontext bei der Zusammenarbeit Erwachsener keinen Platz, sei geradezu unzumutbar. Metaphern, ganzheitliches, intuitives Erfassen einer Situation, Muster erkennen, all das spielt sich kaum in der linken, *apollinischen* Gehirnhälfte ab. Dort sucht man sie meist vergeblich. Die Sprache des Unbewussten ist – wie wir wissen – bildhaft. Unsere Stimmungslage, unsere Haltung, unser komplexes Gefühlsleben wird nicht durch *Syllogismen* beeinflusst. Das *Wie* ist beim Storytelling ebenso wichtig wie das *Was*. In diesem Kontext sei hier an die *Einstreutechnik*[16] erinnert. Dabei werden – egal, worüber man gerade spricht – Worte, meist Adjektive, eingestreut. Durch kaum merkliche Sprechpausen vor und nach dem eingestreutem Wort und mit etwas tieferer Intonation hervorgehoben, beeinflussen sie so das körperliche/emotionale Empfinden/Fühlen der Adressaten.

Einige Hinweise mit auf den Weg: Versuchen Sie mal, mit dem Hirn zu verdauen und mit dem Bauch zu denken. Erlauben Sie sich alle Phantasien, Tagträumereien, Assoziationen; begeben Sie sich auf psychonautische Abenteuer, üben Sie sich in innerer und äußerer Beweglichkeit; machen Sie verschiedenste Stilübungen; erzählen Sie dieselbe Geschichte in verschiedenen Sprachen/Erzählweisen – Rotkäppchen oder das, was Sie gestern erlebt haben – auf bürokratisch, poetisch, juristisch; als Leitartikel, als Dokumentation, als Sportreportage; variieren Sie Ihre Stimme laut, leise, hoch, tief, melodisch; als Beitrag in den Nachrichten; üben Sie sich in Improvisationstheater; schlüpfen Sie in alle nur erdenklichen Rollen; erzählen Sie mit Händen und/oder Füßen ... Beginnen Sie bewusst in Ihrem Alltag Geschichten/Witze/Sprüche

16 Vgl. Milton H. Erickson

zu erzählen; öffnen Sie die Schleusen zu den unendlich vielen Geschichten, die Sie in Ihrem Unbewussten gespeichert haben. Je öfter und je mehr Geschichten Sie weitergeben, desto mehr werden Ihnen zufliegen, desto leichter werden Sie diese behalten. Natürlich können Sie darüber auch in einschlägigen Fachbüchern nachlesen.[17] Allerdings: Die Aneignung von theoretischem Wissen über eine Kunstfertigkeit ersetzt nicht die Übung darin.

Multisensorische Sprache

Eine *conditio sine qua non,* wenn Sie nicht bloß linkes Hirn, Vernunft, sondern auch Herz, Bauch und Gefühl Ihres Gegenübers ansprechen wollen. Dabei ist vorerst und ganz wesentlich die *Parakommunikation* von entscheidender Bedeutung: Die gesamte Inszenierung, Blickkontakt, Gestik, Mimik, Stimme, Rhythmus, Tempo, Melodik und Lautstärke der Stimme entscheiden darüber, wo und wie die Botschaft aufgenommen wird. Doch auch die Wortwahl. Will ich mit meiner Botschaft Herz und Bauch ansprechen, will ich bildhaftes inneres Erleben, fiktive innen geschaute Szenarien wachrufen, muss mein melodischer Sprachfluss mit sinnlichen Reizen versehen sein, also mit Worten, die Bilder, Töne und Geräusche, Düfte, Geschmack, Empfindungen, Gefühle in der Vorstellung/Phantasie entstehen lassen. Multisensorische Sprache eignet sich u.a. hervorragend für einen Realitätscheck, um zu überprüfen, ob getroffene Entscheidungen, Vereinbarungen, Entschlüsse und gute Vorsätze auch wirklich realistisch sind. Oder, um fiktive Szenarien auszumalen, die ich – quasi als *Trickster* agierend

17 Siehe Literaturliste im Kapitel „Zu den Quellen".

– vor den KlientInnen meiner (verrückten) Phantasie entspringen lasse, um ihnen durch Umkehrung ihr eigenes Muster zu verdeutlichen. Auch bei Anwendung von Humor und *Provokativem Stil*[18] sind plastisches Ausmalen/Schildern/Eintauchen von/in Körperempfindungen sowie deren maßlose Über- und Untertreibung unverzichtbare Interventionen; oder aber auch, um eine versöhnliche Geste in die Herzen verfeindeter Nachbarn zu pflanzen wie im folgenden Beispiel geschehen:

Zwei einst befreundete Nachbarn, Tür an Tür im selben Stockwerk wohnend leben seit vielen Monaten nach einem Zerwürfnis und einer kurz aber heftig aufgeflammten Eskalation/Raufhandel in kaltem Krieg. Beiden, tief gekränkt und in ihrer Ehre verletzt, war zwar eine außergerichtlich Einigung über den Vorfall möglich, jedoch blieben sie vorerst unversöhnlich. Besonders einer der Beiden konnte sich absolut nicht vorstellen, jemals auch nur ein Wort mit seinem Nachbarn zu wechseln. Meine Intuition verriet mir, dass der zweite eher bereit sein würde, den ersten Schritt zur Versöhnung zu tun. Ich intervenierte mit einem fiktiven Szenario und sprach zu Herrn X – dem wild entschlossen Unversöhnlichen im *Tandem-Setting*[19], während also Y ausschließlich zuhörend nicht im Gesichtsfeld von X saß – folgendermaßen.

Hmm ... Ich will Sie noch etwas fragen, Herr X ... Stellen Sie sich mal folgende Situation vor. Sie sind zu Hause in Ihrer Wohnung und wollen gerade mal aus dem Haus gehen. Wie immer wollen Sie auch diesmal tunlichst eine

18 Vgl. Frank Farelly

19 Vgl. Ed Watzke: „Äqulibristischer Tanz zwischen Welten. Auf dem Weg zu einer transgressiven Mediation", Forum Verlag Godesberg, Mönchengladbach 2004 (3., erweiterte Auflage), S. 45 ff.

Begegnung mit Ihrem Nachbarn vermeiden. Sie legen leise Ihre Hand auf die Türschnalle, spitzen die Ohren, ob Sie im Stiegenhaus ein Geräusch vernehmen ... öffnen leise die Wohnungstür, wittern und schnuppern, schauen und hören um sich. Die Luft ist rein, das Stiegenhaus leer. Sie atmen erleichtert auf, schließen Ihre Wohnung ab und machen sich auf den Weg von Ihrem zweiten Stock die Treppe abwärts ... hmm. Ja, und kaum sind Sie einige Stufen hinab gestiegen, da hören Sie – hallend klapp-klapp-klapp – im Stiegenhaus ... Oh Gott! Das wird doch nicht! Und ein schräger Blick nach unten bestätigt Ihre üble Ahnung. Er ist es ... Scheiße ... muß der gerade jetzt. Und Ihr erster Impuls ist: zurück in die Wohnung. In Ihrer Bauchgegend macht sich ein sehr unangenehmes Gefühl breit. Hmm ... denken Sie, warum soll ich jetzt die Flucht ergreifen? Tapps-tapps, klack-klack ... und während Sie noch hin und her überlegen, ist Ihr Nachbar schon näher gekommen ... hmm. Aus dem Augenwinkel nehmen Sie sein Gesicht wahr. Sie sind etwas irritiert, denn er blickt Ihnen mit einem offenen, freundlichen Lächeln entgegen wie aus längst vergangenen Tagen, als Sie befreundet waren. Und jetzt sehen Sie, wie er zwei Stufen vor Ihnen stehen bleibt – Ihnen von Herzen kommend die Hand entgegenstreckt zum Friedensschluss und Sie hören seine sonore Stimme in ruhigem Tonfall: „Hmm, lieber Herr X, lieber Nachbar und einstiger Freund – ich reiche dir meine Hand und bedaure unser Zerwürfnis ... ich bedaure sehr, dich verletzt zu haben, lass uns wieder Frieden schließen." Und Sie, Herr X stehen noch immer da, vor dem freundlich und friedlich lächelnden Nachbar mit der offenen, ausgestreckten Hand. Das ist jetzt bloß meine Phantasie, ich habe keine Ahnung, ob Ihr Nachbar sich solches überhaupt vorstellen kann, geschweige denn auch tun könnte, trotzdem, bleiben wir in dieser Szene ... Herr X, was würden Sie in der Situation tun? Würden Sie die Ihre ausstrecken?

X: *Schwer zu sagen, ich weiß nicht ...*

M: *Hmm ... ich seh's Ihnen an, eine schwierige Entscheidung, Ihr Nachbar steht noch immer vor Ihnen mit offener Hand, was meinen Sie, Herr X, würden Sie sie nehmen? Ich ersuche Sie, mir zu antworten – ich weiß das ist schwierig, aber würden Sie sagen eher Ja oder eher Nein?*

X: *Hmm ... naja ... schwierig ... hmm ... ich denke eher Ja ... aber sicher bin ich mir nicht ...*

M: *... eh klar ... ist ja bloß meine Phantasie ... hmm ... Sie sagten also eher Ja. Also mehr als 50% Wahrscheinlichkeit.* [mit Lächeln und Augenzwinkern] *Wenn Ihnen Ihr Nachbar statistisch gesehen hundert Mal die Hand zur Versöhnung reichen würde, könnte Sie dann immerhin fünzig Mal angenommen werden? Verzeihen Sie mir, wenn ich lästig bin, aber noch eine letzte Frage ... Sie stehen noch immer im Stiegenhaus Ihrem offenherzigen, freundlich gesonnenen Nachbarn gegenüber ... hmm ... Sie sagten die Chance sei mehr als 50% – wie viel mehr als 50% würden Sie schätzen?*

X: *Hmm ... naja ... ich würde schätzen etwa 60% ... aber versprechen kann ich's nicht ...*

M: *Verlangt auch niemand, war bloß so eine verrückte Phantasie/Idee von mir ... keine Ahnung, ob Ihr Nachbar jemals ... ich danke Ihnen für Ihre Geduld ... wir machen jetzt eine kleine Pause ... ich schreibe jetzt erst mal einen Entwurf Ihrer Vereinbarung ...*

Nach der Pause unterzeichnen die Nachbarn die Vereinbarung, dann erhebt sich Herr Y vom Stuhl, äußert wiederholt sein Bedauern über seine überzogene Reaktion, entschuldigt sich für seinen Anteil an der Eskalation und streckt X seine Hand als Geste zur Versöhnung hin. Dieser zögert kurz – nimmt sie dann aber mit einem Lächeln entgegen. Das Eis war damit gebrochen, der Dialog wieder möglich, ein wichtiger Schritt in Richtung Frieden getan.

Die ungleichen Brüder

Ausgangssituation: Ein erbitterter, lange Jahre verhärteter Bruderkrieg biblischen Ausmaßes. Der Vater war ca. 30 Jahre zuvor von Indien nach Österreich gekommen und war Würdenträger einer indischen Religionsgemeinschaft. Seine Söhne, Anfang bis Mitte dreißig, könnten unterschiedlicher kaum sein. Während der Jüngere sich in Kleidung, Lebensstil, Attitüden streng an der väterlichen/indischen Tradition und insbesondere Religion orientierte (Turban, Vollbart, Alkoholverbot, indische Ehefrau, Tempelbesuche, Gebete), hatte sich der wenig ältere Sohn von all diesen Traditionen losgesagt, eine Wienerin geheiratet, war durch und durch Europäer/Wiener geworden. Gerade deshalb wurde er von seinem jüngeren Bruder seit vielen Jahren als Gottloser/Ungläubiger, als Schande der Familie geschmäht, gebrandmarkt und ausgegrenzt. Nun lebten sie aber in unmittelbarer Nachbarschaft. Der „Europäer“ hatte einen Teil des väterlichen Grundstückes bekommen und für sich und seine Familie ein Haus gebaut (um die Grenze zwischen den beiden Liegenschaften, Wegerechte etc. war bereits über Jahre hinweg heftigst prozessiert worden). Der Jüngere wohnte mit seiner Familie im väterlichen Haus und war als dessen Erbe ausersehen. Die beiden Brüder und ihre Familien lebten seit Jahren im kalten Krieg, unterbrochen von kurz aufflammenden heißen Gefechten. In einem solchen hatte der Jüngere auf den Älteren mit einem spitzen metallenen Gegenstand in rasender Wut eingestochen und ihm so eine üble Verletzung zugefügt. Der Vater, so schien es, war mit dem Krieg seiner Söhne sehr unglücklich und zugleich überfordert. So gelangte die Geschichte via Staatsanwaltschaft zur Mediation im Kontext eines *Außergerichtlichen Tatausgleiches.* Die Fronten chronisch verhärtet, schien eine Versöhnung vorerst gänzlich unmöglich. Wir bearbeiteten den Fall in *Co-Mediation* nach der Methode *Gemischtes Doppel.*[20] Wir – meine liebe Kollegin *Martina Mössmer* und ich – führten also mit den Brüdern getrennte Einzelgespräche und baten den Vater, beim anschließenden gemeinsamen Teil vorerst als Zuhörer/Beobachter teilzunehmen. Nachdem wir im *Geschichtenspiegel* vor den KL wechselweise eine Zusammenfassung der jeweiligen Geschichten aus den Einzelgesprächen ausgetauscht hatten, setzten wir uns in einem *Reflekting-Team* mit der Geschichte auseinander. Da saßen wir nun an einem großen länglichen Tisch: Wir beide an einem Ende einander zugewandt, gegenüber der hoch gewachsene, asketisch wirkende Vater (mit prächtigem Turban wie sein jüngerer Sohn), links und rechts von uns die Brüder einander gegenüber. In mir machte sich mehr und mehr die Vermutung breit, hier kämpfen zwei Söhne erbittert um die Gunst und Liebe des Vaters. Nach vielerlei Interventionen (wir arbeiteten mit *indirekten Suggestionen, Vermutungen, Assoziationen, Reframing, provokativen Elementen* etc.), tauchte in mir eine Geschichte auf, schillernd und strahlend wie ein leuchtender Edelstein in der Dunkelheit. Ich fühlte tief in mir, diese Geschichte könnte hilfreich sein und hob also an zu zu sprechen:

20 Vgl. Ed Watzke, a.a.O., S. 31 ff.

... mir fällt eben jetzt eine Geschichte ein, wahrscheinlich hat sie gar nichts mit diesem Vater und seinen Söhnen hier zu tun – trotzdem will ich sie jetzt erzählen. Ich liebe diese Geschichte, sie ist wahrlich ein Kleinod, ein Juwel, uralt und wahrscheinlich in mehreren Kulturen bekannt. Ich kenne sie unter dem Titel „Ringparabel" aus dem Drama „Nathan der Weise" von Gotthold Ephraim Lessing und dort beginnt sie so:

> *Vor grauen Jahren lebte ein Mann im Osten, der einen Ring von unschätzbarem Wert aus lieber Hand besaß. Der Stein war ein Opal, der hundert schöne Farben spielte und hatte die geheime Kraft, vor Gott und Menschen angenehm zu machen, wer in dieser Zuversicht ihn trug. Was Wunder, dass ihn der Mann im Osten darum nie vom Finger ließ und die Verfügung traf, auf ewig ihn bei seinem Hause zu erhalten. Nämlich so: Er ließ den Ring von seinen Söhnen dem geliebtesten; und setzte fest, dass dieser wiederum den Ring von seinen Söhnen dem vermache, der ihm der liebste sei; und stets der liebste, ohn' Ansehn der Geburt, in Kraft allein des Rings, das Haupt, der Fürst des Hauses werde. So kam nun dieser Ring von Sohn zu Sohn, auf einen Vater endlich von drei Söhnen, die er alle drei in gleicher Weise liebte, so dass er in große Not und Bedrängnis geriet bei der Entscheidung. Wem von seinen gleich geliebten Söhnen soll er nun den Ring und die damit verbundenen Würden vererben?*
>
> *Nach langem Hin und Her fand er schließlich eine Lösung für sein Problem. Er ließ vom besten Juwelier der Stadt nach dem Muster des Ringes zwei weitere anfertigen und hieß ihn dabei, weder Kosten noch Mühen zu sparen. Letztlich waren die Kopien so perfekt, die drei Ringe einander so gleich, dass selbst der*

Vater nicht mehr den echten von den falschen unterscheiden konnte. Froh und freudig ruft er schließlich seine Söhne, jeden insbesondre, gibt jedem insbesondre seinen Ring – und stirbt.
Nun beginnt der große Streit der Brüder um das väterliche Erbe. Jeder wähnt sich allein als alleinigen rechtmäßigen Erben, erklärt seinen Ring als einzig echt, die beiden anderen als Fälschung und bezichtigt seine Brüder des Betruges. Kein Sachverständiger, kein Richter ist in der Lage diese Streitfrage zu entscheiden, zumal sich herausstellt, dass keine zwei Brüder einen am meisten lieben. „Nun", so schließt der Richter, „dann seid Ihr alle drei betrogene Betrüger Wahrscheinlich hat euer Vater den wahren Ring verloren und alle drei anfertigen lassen. Mein Rat ist aber der: Nehmt die Sache völlig wie sie liegt, glaubt an euren Ring und trachtet die Kraft des Ringes wirksam werden zu lassen ... und wenn sich dann bei euren Kindes-Kindeskindern der Steine Kräfte äußern, so lad ich über tausend, tausend Jahre sie wiederum vor diesen Stuhl. Da wird ein weiserer Mann auf diesem Stuhle sitzen als ich und sprechen. Geht!" so sagte der bescheidene Richter.

In dem Drama antwortet Nathan der Weise mit dieser Geschichte dem Sultan auf die heikle Frage, welche der drei monotheistischen Religionen Judentum, Christentum, Islam die Wahre sei ... .hmm ... tja ... ich danke für die Geduld und Aufmerksamkeit beim Zuhören. Nun aber wollen wir mal dem Vater unserer beiden Brüder hier das Wort erteilen. Er hat bisher bewundernswert geduldig zugehört und kein Wort von sich gegeben.

Und wir wenden uns dem Vater zu. Dieser lässt noch eine Weile Stille walten und spricht dann wohl überlegt, klar und deutlich den einen Satz: *Ich habe meine beiden Söhne gleich lieb.* Dieser Satz aus dem Munde des Vaters wirkt gleichsam wie eine lange Zeit vergeblich erwartete Erlösung. Als würden Vater und Söhne von einem üblen, verwunschenen Zauber befreit. Dieser Satz verändert die Stimmung, das emotionale Klima sehr positiv – wir alle sind berührt, sehen einander an und schweigen. Wir MediatorInnen beschließen nun die Drei alleine unter sich zu lassen. Etwa zwanzig Minuten später hatten sie eine Lösung gefunden, welche dann doch eine Versöhnung ermöglichte. Stolz und Freude strahlend präsentierte der „Europäer" seinen Lösungsvorschlag: Nach dem Bruderkrieg war das gegenseitige Vertrauen zur Gänze zerstört, verbrannte Erde zurückgeblieben. Sein religiöser Bruder – so war er fest überzeugt – würde ihn jederzeit belügen und betrügen, ohne auch nur mit der Wimper zu zucken. Deshalb könne er seinem Bruder das Eingeständnis seiner Reue niemals abnehmen. Diese aufrichtige Reue seines Bruders ermögliche ihm jedoch erst das Verzeihen. Aber – so fuhr er fort – die Religion nähme sein Bruder über alle Maßen ernst, dessen sei er sich absolut sicher. Niemals würde sein Bruder es wagen, seinen Gott zu belügen. Wenn also der Bruder bereit wäre, an einem bestimmten heiligen Tag im Tempel ein bestimmtes Ritual zu begehen, in welchem er seine Schuld eingesteht und seinen Gott um Verzeihung bittet, dann könnte auch er seinem Bruder verzeihen – auch wenn ihm selbst die Religion seines Bruders nichts bedeutet.

So geschah es denn auch. Und wir wurden Zeugen einer herzergreifenden, berührenden, wunderbaren, unvergesslichen Szene, in welcher sich die Brüder vor dem Vater in Versöhnung umarmten.

Die Koboldintervention

Wie bei vielen Interventionen aus meinem Repertoire entsprang auch die *Koboldintervention* meiner Intuition während einer konkreten Fallbearbeitung.

Ausgangssituation: Hocheskalierter Nachbarschaftskonflikt zwischen übereinander wohnenden Damen mittleren Alters, mehrjährige Kriegsgeschichte, Bedrohungen, Schmähungen, Vorwürfe, Schuldzuweisungen, Unterstellungen etc. Schließlich – es war bereits in der zweiten Sitzung – blieben sie in der Figur *Attacke-mit-Schuldzuweisung-kontra-Abwehr-durch-Leugnen/Rechtfertigen* hängen, immer heftiger, lauter, emotionalisierter werdend. Ich verharrte gerade in der Rolle des interessierten Beobachters, um dann den *Infight* zu unterbrechen und nachdem Schweigen eingekehrt war, begann ich zu den Damen mit Lächeln und Augenzwinkern zu sprechen:

Hmm ... sehr geehrte Damen! Ich habe Ihnen mit großem Interesse zugehört – bin Zeuge dieser ungeheuerlichsten, verlogensten, unzumutbarsten Anschuldigungen, haltlosen Vorwürfen, bösartigen Unterstellungen geworden ... hmm ... und habe darüber nachgedacht, was in Ihrem Wohnhaus, in Ihrer Nachbarschaft vor sich gehen mag ... [in verschwörerischem Flüsterton fortfahrend] *Sie werden es mir nicht glauben, es wird Ihnen völlig verrückt erscheinen: Ich glaube zu wissen, was in Ihrem Haus los ist! Interessiert Sie mein Befund? Ja? Na gut, auch auf die Gefahr hin für verrückt erklärt zu werden. In Ihrem Haus hat sich ein Kobold eingenistet, der sich von der Feindschaft unter den Bewohnern ernährt. Er tut alles Mögliche, um Feindschaften und Nachbarschaftskriege loszutreten und zu erhalten. Dabei geht dieser fette, ausgefressene Kobold äußerst hinterhältig und gemein vor. Er verwandelt dabei heimtückisch und hinterhältig viele Dinge, um sein Ziel zu erreichen, Feindschaft und Krieg zu schüren. Zum Beispiel etwa so: Zwei Nachbarn begegnen einander in Stiegenhaus. A begrüßt B mit den freundlichen Worten: „Einen wunderschönen Tag zu wünschen, Frau B, das Kleid steht Ihnen ausgezeichnet!" Der Kobold jedoch verwandelt die Botschaft im Nu – im Ohr von B erklingt etwa: „Geh scheißen, du blöder Trampl!" Oder B wirft als Zeichen der Gunst und des Wohlwollens herrlich duftende Rosen auf den Balkon von A herab; der Kobold verwandelt diese jedoch im Flug zu stinkendem Mist und Unrat. Sie mögen mir glauben oder nicht, solche Kobolde sind in Wohnhäusern gar nicht selten. Und der in Ihrem Haus ist wahrlich fett und ausgefressen; er schwelgt in diesem giftigen Klima wie die Made im Speck und unternimmt sehr erfolgreich alles, um diesen Krieg aufrecht zu erhalten ... tja ... Sie sind diesem Kobold anscheinend hilflos ausgeliefert. Er beherrscht Sie voll und ganz. Er lebt bestens von Ihrer Feindschaft und tut alles, um zu verhindern, dass Sie wirklich konstruktiv miteinander reden. Das wäre für diesen Kobold lebensbedrohlich. Wenn Sie etwa einander echte Fragen stellten, Verständnis zeigten, Missverständnisse aufklärten ... solcherlei würde ihm an den Kragen gehen, ihm Angst und Schrecken einjagen. Aber so wie Sie beide miteinender umgehen, kann sich Ihr Kobold gelassen und selbstgefällig zurücklehnen, in Sicherheit wiegen ...*

Während ich so den Kobold beschrieb, als lachenden Dritten, als gemeinsamen Gegner der Streitparteien, schlüpfte ich immer mehr in diese Rolle, wurde immer mehr zu diesem Kobold, gab ihm Stimme, Mimik und Geste. Und ausschließlich als Kobold, kommentierte ich den Fortgang der Auseinandersetzung der beiden Damen. Dabei agierte ich quasi paradox: Wenn sie destruktiv agierten, geriet ich in Freudentaumel und jauchzte, feuerte sie an, noch gemeiner, bösartiger, lauter, mehr,

mehr desselben zu tun. Wenn sie jedoch konstruktiv, in Richtung Frieden Schritte setzten, versuchte ich sie mit Jammern und Wehklagen davon abzuhalten, den Friedenspfad weiter zu beschreiten. Sie hatten relativ bald Spaß daran gefunden, den zunehmend erbärmlicher winselnden Kobold ganz fertig zu machen. In einer guten halben Stunde haben sie sich ausgesprochen, ausgesöhnt, einander das Du-Wort angeboten und sehr konstruktiv daran gearbeitet, in Zukunft mit Störungen anders umzugehen. Als dann die Mediation zu Ende, der Frieden besiegelt, eine Vereinbarung getroffen war, meinte eine der beiden Damen bei der Verabschiedung lachend in meine Richtung: *„So! Und der Kobold muss sich jetzt ein anderes Haus suchen. Bei uns wird er fortan hungern müssen!"*

Intervention: Klappe, die Zweite oder »Und ewig grüßt das Murmeltier«

Wir Menschen können zwar Dinge, die geschehen, Worte, die gesagt wurden, nicht ungeschehen machen, aber wir können in vielen Situationen neu beginnen. In dem oben genannten Film gerät ein Mann in eine Art Zeitschleife und wacht immer am selben Tag auf, beginnt also wiederholt den selben Tag neu. Diese Intervention ist hilfreich, wenn Medianten durch ihre Strategie, durch Verleugnen, Selbstbetrug, Irrtümer in eine Sackgasse geraten sind und vor dem schwierigen Problem stehen, ohne Gesichtsverlust wieder herauszukommen. Um dabei behilflich zu sein, gilt es den Betroffenen die Botschaft zu vermitteln: Wer A sagt, muss nicht B sagen, wenn er/sie erkannt hat, dass A falsch war. Dies zu erkennen und zu tun, ist mutig, klug und ehrenhaft. Ich unterbreche also die Sitzung mit solchen und ähnlichen Worten, läute eine Pause ein, schicke sie zurück in den Wartebereich mit dem Auftrag, nochmals darüber nachzudenken. Wir tun einfach alle so, als hätte der bisherige Verlauf des Gespräches gar nicht stattgefunden und beginnen noch mal ganz von vorne. *Ich werde in etwa zehn Minuten zu Ihnen in den Wartebereich kommen, Sie begrüßen und dann beginnen wir wieder ganz von vorne ... und dann sehen wir mal, wie unser Gespräch anders verlaufen kann.* Oft ist dies dann tatsächlich der Fall und ich spare nicht mit Lob und Anerkennung für die gelungene, konstruktive Neuorientierung.

Eine andere Spielart dieser Intervention erfolgt mit Hilfe von zwei Stühlen. Und zwar in Situationen, wo eine wichtige Entscheidung zwischen zwei Alternativen/Optionen ansteht und besonders dann, wenn die betroffene Person verbal eher eingeschränkt ist, aus welchen Gründen auch immer mit Sprache und Sprechen gewisse Schwierigkeiten hat. Ich unterbreche dabei wie vorhin die Sitzung, zeige klar die beiden Alternativen und die jeweiligen Folgen für die Betroffenen auf. Ich führe zwei Stühle als Symbole für die zwei Alternativen ein, schicke die Medianten in eine Pause mit der Aufgabe nochmals in aller Ruhe darüber nachzudenken, welche Wahl sie treffen wollen. Stuhl A steht für Option A, Stuhl B für Option B. Nach der Pause erfolgt die Aufforderung, die getroffene Entscheidung ohne Worte, einfach durch Platz nehmen auf Stuhl A oder Stuhl B zu signalisieren.

Zum Thema Wahrheit/Lüge/Konstruktdifferenzierung

Wie kennen alle Situationen, in welchen der Mediationsprozess beginnt, in diese eskalationsträchtige Sackgasse zu geraten. (Selektive) Wahrnehmung aus oft emotionsgeladenen Situationen sowie zugleich deren Interpretationen werden als objektive Tatsachen ausgegeben. Die differenten Konstrukte der Medianten treffen sich wie die Parallelen im Unendlichen. Beginnen die Medianten damit, unterbreche ich mittels *Metakommunikation* und demonstriere ihnen auf verschiedenste Weise, in der den Betroffenen adäquater Sprache, dass sie eben dieses *Ich-bin-im-Besitze-der-einzigen-und-alleinigen-Wahrheit-und-du-bist-ein-verdammter-Lügner-Spiel* betreiben und die zu erwartenden destruktiven Folgen. Als MediatorIn inmitten hochschlagender emotionaler Wogen die Parteien über *Konstruktivismus* belehren? Nein danke! Sprüche, Metaphern und Geschichten sind da wesentlich hilfreicher:

> *Der Erfinder der Wahrheit war ein Lügner!*
>
> *Heinz von Förster*

> *Die Wahrheit ist wie eine Zwiebel: Nimmt man die äußeren Hüllen weg, beginnt man oft zu weinen.*
>
> *Sprichwort*

> *Die Wahrheit ist wie der Stamm eines riesigen Baumes. Ein Mensch kann ihn nie und nimmer umfassen.*
>
> *Sprichwort*

> *Noch nie bin ich auf einen Menschen getroffen, der so oft Recht hatte wie ich!*
>
> *Arno Schmidt*

Gott weiß alles – aber Koestler weiß alles besser.

Albert Einstein über Arthur Koestler

Jeder Mensch hat ein Brett vor dem Kopf – es kommt nur auf die Entfernung an.

Marie von Ebner-Eschenbach

Wahr sind allein die Empfindungen.

Ludwig Wittgenstein

Wenn die Fakten nicht zur Theorie passen – umso schlimmer für die Fakten.

Georg Wilhelm Friedrich Hegel

Auch wenn die Beweislage erdrückend erscheint, lassen sich Tatsachen immer noch mehr oder weniger elegant leugnen wie in den folgenden zwei Beispielen:

Blatt begegnet seinem Freund Blum: „Servus Blum! Du hast mir doch tatsächlich verschwiegen, dass deine jüngste Tochter ein Kind bekommen hat!" – „Blödsinn! Meine Sara hat noch nie ein Kind bekommen!" – „Aber Blum! Red'nicht! Ich hab' sie doch gestern im Stadtpark auf einer Bank sitzen seh'n. Sie hat gerade gestillt!" – Darauf Blum: „Na wenn schon! Zeit hat sie – Milch hat sie – warum soll sie nicht stillen einen Säugling!"

Zur Hochblüte des Wiener Kaffehauses gab es einen allseits bekannten Stammgast, der alles wusste und keine Frage unbeantwortet ließ. Jeglichen Irrtum seinerseits schloss er kategorisch aus.

Eines Sonntags spazierte dieser in Begleitung eines Freundes im Wienerwald. Vor ihnen am Wegrand saß ein außergewöhnliches Vogelexemplar. Sein Freund hatte einen solchen Vogel noch niemals zuvor gesehen. Er fragte also den Besserwisser, welcher Vogelart das Tier wohl angehöre. „Welch ein seltener Zufall!" rief dieser begeistert aus. „Dies ist ein bei uns außerordentlich rares Exemplar eines Ägyptischen Tempelläufers. Diese Vögel wandern weiteste Strecken ausschließlich zu Fuß. Der ist mit Sicherheit von Ägypten bis hierher gelaufen!" Kaum hatte er diesen Satz zu Ende gesprochen, da erhob sich der Vogel in die Lüfte und flog zum nahen Waldrand. Neugierig, verdutzt und fragend blickte ihn sein Freund an. Der unfehlbare Alleswisser blieb selbstsicher und gelassen und erklärte dann: „Kurze Strecken fliegt er!"

...

Wenn man ein Brett vor dem Kopf hat, ist es schwer, selbst offene Türen einzurennen.

Gerhard Uhlenbruck

Wenn ein Taschendieb auf Buddha trifft, sieht er nur seine Taschen.

Sprichwort

Jeder hat das Recht auf meine Meinung!

Sprichwort

Es ist einfach ungeheuerlich, welche Gerüchte über einen in Umlauf gesetzt werden – die sich dann im nach hinein als wahr erweisen!

Oscar Wilde

Zur selektiven Wahrnehmung gibt es diese indische Geschichte.

Sechs Blinde treffen auf einen Elefanten. Danach tauschen sie sich über die Beschaffenheit eines Elefanten aus und geraten darüber in einen erbitterten Streit: Ein Elefant ist wie eine weiche Wand! Nein! Ruft ein anderer – er ist dünn, spitz, etwas gebogen und ganz hart! Nein! Ein Elefant ist rund und dick wie ein Baumstamm! Nein! Er ist dünn und sehr elastisch und hat ein Haarbüschel am Ende usw.

Meine mir wohl liebste Geschichte zum Thema *Wahrheit* in diesem Kontext verdanke ich *Johan Galtung.*

Ein Engel und ein Teufel wandern für die Menschen unsichtbar auf Erden. Da kommt ihnen ein Mensch entgegen. Der Engel nimmt wahr, wie der Teufel vor dem Menschen etwas fallen lässt. Dieser bückt sich, nimmt mit sichtbar größter Freude das Ding an sich und geht überglücklich damit weiter. „Was hast du diesem Menschen gerade zukommen lassen?“ – fragt der Engel. „Ein winziges Stück Wahrheit“ – erwi-

dert der Teufel. „Wie? Höre ich recht? Du, ein Teufel, schenktest diesem Menschen Wahrheit? Dein Job ist doch die Menschen in Richtung Hölle und Verdammnis zu locken!" „Das tat ich eben: Ich habe diesem Menschlein ein winziges Stück Wahrheit finden lassen, ihn aber glauben gemacht, dass dieses winzige Stück die ganze Wahrheit sei!"

Die Schuldzuschreibungs-Rechtfertigungsspirale

Auch dies eine beliebte Kolusion (Zusammenspiel) insbesondere bei *symmetrischen Eskalationsdynamiken.* Die Kombattanten schleudern einander im Wechselspiel Schuldzuweisungen und allerlei Vorwürfe entgegen und parieren jeden solchen Angriff mit Rechtfertigungen verschiedenster Art, Verharmlosung, Leugnung etc. Wenn immer ein zugefügtes Übel unleugbar geworden ist, wird es als notwendige Reaktion auf eine Tat des Gegners interpretiert. Jeder hat ausschließlich quasi in Notwehr gehandelt und führt somit einen Verteidigungskrieg. Schließlich spitzt sich der Streit auf *die* scheinbar alles entscheidende Schuldfrage zu: Wer hat angefangen?

An diesem Punkt erzähle ich gerne – nach Unterbrechung des Gefechtes, quasi als Pausenfüller – folgende Geschichte aus dem wunderbaren Schatz jiddischen Humors.

Es ist Jom Kippur, der Versöhnungstag, ein hoher Festtag, an welchem alle Gläubigen aufgerufen sind, zu Frieden und Versöhnung beizutragen. Herr Kohn begibt sich in den Tempel, sieht mit Schrecken und Missfallen dort seinen langjährigen Erzfeind und Rivalen Goldstein. Was tun? Kohn beginnt einen inneren Dialog mit sich ... wenn ich meine Religion ernst nehme ... und das will ich ... mit wem sonst sollte ich mich aussöhnen, an diesem Versöhnungstag, wenn nicht mit diesem Goldstein ... aber andererseits mit diesem üblen Goldstein ... was hat der mir nicht alles im Laufe der Jahre angetan ... so pendelt er zwischen dem Impuls, Versöhnung zu suchen und dem Aufrechterhalten der Feindschaft hin und her ... schließlich gibt er sich einen Ruck, atmet tief durch und lenkt seine Schritte zu Goldstein – steht ihm schließlich gegenüber und spricht zu ihm: „Goldstein, ich habe lange darüber nachgedacht, heute ist Jom Kippur, also lass uns unsere Feindschaft beenden und zum Zeichen der Versöhnung reiche ich dir nun meine Hand. Ich wünsche dir aus ganzem Herzen dasselbe, was du mir wünscht!" Darauf Goldstein laut ausrufend: „Kohn! Jetzt fängst du schon wieder an!"

Manchmal sind wir peinlich genau darauf bedacht, in der Beziehung zu Mitmenschen quasi ein korrekt ausgewogenes Gleichgewicht im Geben und Nehmen zu halten, eine Art Geschäftsbeziehung. Davon erzählt folgende Geschichte.

Kohn trifft Mendel: „Hallo Mendel! Du hast sicher schon davon gehört. Unser Freund Weiss ist verstorben. Du kommst doch sicherlich auch zu seinem Begräbnis!" – Darauf dieser: „Warum sollt' ich? Geht er vielleicht auf meines?"

Rückfall in eingefahrene (destruktive) Verhaltensmuster

Bisweilen halten uns Muster gefangen, ohne dass wir uns deren bewusst sind; manchmal erkennen wir sie zwar, verstricken uns aber wiederholt in diese; manchmal macht uns Erfahrung klüger. Wir alle sind klug, die einen vorher, die anderen nachher. Erfahrung entsteht nicht durch das, was uns zustößt, sondern aus dem, was wir daraus machen. Erfahrung ist also etwas, woraus wir verändert hervorgehen. Vielleicht lernen wir mehr aus den Niederlagen, die wir überwinden als aus den Siegen, die wir erringen.

Dazu die *Autobiographie in fünf Kapiteln* aus dem *Tibetanischen Buddhismus,* die ich in den *49 Meistergeschichten* von *Reinhold Dietrich* gefunden habe:

1.
Ich gehe die Straße entlang.
Da ist ein großes Loch.
Ich falle hinein.
Ich bin verloren ... ich bin ohne Hoffnung.
Es ist nicht meine Verantwortung.
Es dauert endlos, wieder herauszukommen.

2.
Ich gehe die Straße entlang.
Da ist ein großes Loch.
Ich tue so, als sehe ich es nicht.
Ich falle wieder hinein.
Ich kann nicht glauben,
schon wieder in diesem Loch zu sitzen,
es ist nicht meine Verantwortung.
Immer noch dauert es sehr lange herauszukommen.

3.
Ich gehe die Straße entlang.
Da ist ein großes Loch.
Ich sehe es.
Ich falle immer noch hinein ... aus Gewohnheit.
Meine Augen sind offen.
Ich weiß, wo ich bin.

Es ist meine eigene Verantwortung.
Ich komme sofort heraus.

4.
Ich gehe die Straße entlang.
Da ist ein großes Loch.
Ich gehe darum herum.

5.
Ich gehe einen anderen Weg.

Aus einem Film von *Ernst Lubitsch* ist mir folgende Szene unvergesslich geblieben:

Ein Betrüger versucht eine Millionärin zu verführen, um an ihr Geld zu gelangen. Er wird schließlich ihr Privatsekretär. Vor der Tür zum Schlafgemach der Dame dieser kurze Dialog: Sie – „Ich durchschaue alle Ihre Tricks!" Darauf er – „Ja – aber Sie fallen auf jeden einzelnen herein!"

...

Ein Mann trifft seinen Freund, an beiden Ohren Brandwunden. „Was ist den mit deinen Ohren geschehen?" „Das Telefon läutete und ich habe versehentlich das heiße Bügeleisen anstatt des Telefonhörers an mein Ohr gehalten" – darauf sein Freund – „Okay, das erklärt die Wunde an einem Ohr. Was geschah mit dem zweiten?" – „Der Trottel hat gleich darauf wieder angerufen!"

...

Ein Mann sieht auf dem Gehsteig wenige Meter vor sich eine Bananenschale liegen und denkt bei sich – Shitt! Gleich werde ich wieder ausrutschen!

...

Zwei Männer sitzen hoch oben auf dem Ast eines Baumes und sind eben dabei, den Ast auf dem sie sitzen, abzusägen. Ein Wanderer kommt des Weges und ruft ihnen zu – „Ihr da oben, haltet ein! Wenn Ihr so weitermacht, werdet Ihr vom Baum stürzen und euch schwere Verletzungen zufügen!" – „Nein! Keinesfalls! Uns wird schon nichts passieren!" – rufen sie zurück und sägen hurtig weiter. Krach, bums fallen sie mit dem Ast, landen mit einigen Knochenbrüchen im Krankenhaus. Etwa ein Jahr danach wiederholt sich die Szene. Wieder sägen sie an dem Ast, auf dem sie sitzen, derselbe Wanderer kommt vorbei. Die beiden blicken herab, meint einer zum anderen – „Da! Schau! Der Wahrsager ist wieder da!"

Eskalation

Wir alle haben unsere Sonnenseiten und Schattenseiten, unsere guten und schlechten Eigenschaften. Wie an uns selbst nehmen wir an den Menschen in verschiedenen Situationen mal mehr das Gute, mal mehr das Üble wahr, mal zeigen wir mehr die eine, mal die andere Seite. Ein jüdischer Witz, bringt das herrlich auf den Punkt:

Zwei Freunde plaudern angeregt am Hauptplatz. Plötzlich unterbricht einer das Gespräch, zeigt auf einen Passanten und ruft aus: „Schau! Dort drüben geht eben der Kohn! Ist das nicht ein durch und durch edler und feiner Mensch!?" – Darauf flüstert ihm sein Freund ins Ohr: „Hast du schon mit ihm geerbt?"

Sehr treffend und oft hilfreich in eskalationsträchtigen Situationen sind diese beiden Geschichten. Sie seien hier noch mal erzählt.

Ein junger Krieger fragt einen alten Schamanen: „Kannst du mir sagen, was in unserem Innenleben, in unserer Seele vor sich geht?" Darauf der Alte: „Das ist so. Wir Menschen haben in unserem Inneren zwei Wölfe. Einer ist all das Gute, die Liebe, die Gerechtigkeit, das Mitgefühl, das Verzeihen, die Friedfertigkeit usw., der andere Wolf ist alles Üble in uns, der Hass, der Neid, die Gier, die Gewalt, die Rachsucht, die Hartherzigkeit usw. Diese beiden Wölfe liefern sich in uns einen ständigen Kampf." – „Soweit so gut, aber wer gewinnt denn nun den Kampf?" Die Antwort des Alten lautet: „Es gewinnt immer der Wolf, den du fütterst."

...

Ein Mensch gerät an einen magischen Ort. Es erscheint die gute Fee und gewährt ihm die Erfüllung eines Wunsches. Der Mensch denkt nach und wünscht sich schließlich 10 Millionen auf sein Bankkonto. „Gut" darauf die Fee, „ich vermag dir diesen Wunsch zu erfüllen. Du solltest jedoch zuvor wissen, die Erfüllung deines Wunsches ist untrennbar an folgende Bedingung geknüpft: Was immer du dir wünscht – dein Feind erhält jeweils das Doppelte." Der Mensch wird sehr nachdenklich. Nach einigem Schweigen meint er zur Fee: „Ja wenn das so ist, dann wünsche ich mir, auf einem Auge blind zu sein!"

Bei drohendem oder tatsächlichem Scheitern einer Mediation aufgrund der tief verankerten erbitterten Feindschaft ist die folgende Geschichte bisweilen meine letzte Intervention. Sie ist dann entweder mein *Abschiedsgeschenk* oder sie bewirkt in manchen Fällen doch noch die Abkehr vom Kriegspfad.

Zwei Männer, in tiefstem Hass und Feindschaft verstrickt, buchen per Zufall dieselbe Schiffsreise. Als sie sich, an Bord gekommen, mit Abscheu wahrnehmen, suchen sie die größtmögliche Distanz zueinander, indem sich einer zum Bug des Kahns, der andere zum Heck begibt. Das Schiff legt ab und nach geraumer Weile beginnt sich ein Sturm aufzubauen. Der Sturm bricht los mit all seiner zerstörerischen Gewalt. Die Wellen wachsen in immer bedrohlicherem Ausmaß. Langsam beginnt sich unter den Passagieren Panik auszubreiten. Da nun begibt sich der Mann vom Bug kommend zum Kapitän und fragt diesen: „Ich bitte Sie, mir schonungslos, offen und ehrlich Ihre Meinung mitzuteilen – ich versichere Ihnen, ich ertrage die Wahrheit – wie schätzen Sie die aktuelle Gefahr ein, in welcher wir uns jetzt befinden? Halten Sie es für möglich, dass wir Schiffbruch erleiden und damit mit dem Allerschlimmsten rechnen müssen?“ – „Wenn Sie meine ehrliche Antwort wissen wollen: Die Lage ist wirklich sehr bedrohlich. Ich habe einige Hoffnung, dass wir diesen Sturm doch noch heil überleben, jedoch kann ich das Schlimmste, einen Schiffbruch, nicht gänzlich ausschließen.“ – „Okay! Danke für Ihre offene Antwort. Erlauben Sie mir noch eine zweite Frage: Sollten wir mit Mann und Maus in diesem Sturm untergehen, versinkt dabei zuerst das Heck oder der Bug im tosenden Meer?“ – „Nach Bauart und Verteilung der Ladung würde höchstwahrscheinlich das Heck zuerst und zuletzt der Bug untergehen.“ Auf der Miene des Fragenden breitet sich ein zufriedenes Lächeln aus. – „Wenn dem so ist, wird der Tod mir leicht fallen, wenn es mir zuvor vergönnt ist, meinen Feind untergehen zu sehen!“

(Junge) Helden und Gewalt

Wie wir aus Forschungsergebnissen über die Wirkung von Hormonausschüttungen wissen, gibt es bei Tieren wie bei uns Menschen in besonderen Stresssituation drei Reaktionsweisen, welche alle von derselben Energie gespeist werden: kämpfen, flüchten und sich tot stellen. Ich spreche hier vor allem vom männlichen Geschlecht, insbesondere von Jünglingen und jungen Männern mit erhöhter Gewaltbereitschaft. Von diversen Vorurteilen und Feinbildern aufgrund verschiedener Gruppenzugehörigkeit beginnt sich eine Eskalationsdynamik zu entfalten, die etwa mit der Bemerkung „Was schaust du so blöd!?“ beginnt und in Gewalt mündet. Vermutlich vom Schriftsteller *Wolf Wondratschek* stammt der Aphorismus:

> *Ich wurde an dem Tag erwachsen, als ich sah, wie mein Vater seinem Erzfeind die Stirn bot, indem er grüßend seinen Hut hob.*

Wie *Voltaire* bemerkte, verwenden wir Menschen unsere Vernunft gerne dazu, Handlungen zu begründen, die wir, welcher Emotion auch immer folgend, gesetzt haben. Wie kreativ und absurd rohe Gewalt ihre Rechtfertigung finden kann, zeigt diese Fabel.

> *Der Wolf, der Fuchs und der Hase wohnen im selben Haus. Es ist Sonntagnachmittag. Wolf und Fuchs sitzen gemeinsam auf ihrer Terrasse und langweilen sich zu Tode: „Sag mal Fuchs, ist dir auch so unendlich fad? Was hältst du von ein wenig Spaß und Aktion? Wir könnten doch runter gehen zum Hasen und ihn mal ordentlich verprügeln. Das würde doch richtig Schwung in den öden Sonntag bringen!“ – „Naja“*

meint der Fuchs „das wäre schon ein toller Spaß, aber das können wir doch nicht tun, einfach so den Hasen verprügeln ... das wäre doch nicht fair ... er hat uns ja nicht angetan ... eine Hetz wär's schon." Darauf der Wolf: „Ich habe eine tolle Idee. Du hast ja Recht. Deshalb geben wir dem Hasen eine Chance. Wir läuten an seiner Tür. Wenn er öffnet, gibt es zwei Möglichkeiten. Entweder er hat einen Hut auf oder nicht. Öffnet er ohne Hut auf dem Kopf, verprügeln wir ihn, ist er mit Hut, verschonen wir ihn.!" – „Okay! So machen wir es!" Gesagt getan – der arme Hase hat keinen Hut auf dem Kopf und wird heftig verprügelt. Zwei Wochen darauf ist wieder Sonntag. Wiederholt sitzen Wolf und Fuchs auf der Terrasse, von Langeweile geplagt. Der Wolf zum Fuchs: „Was meinst du – wir könnten doch wieder zum Hasen runter und ihn wieder verprügeln ... wie vor zwei Wochen ... das hat doch richtig Spaß gemacht!" – „Das ist doch nicht okay! Er hat uns ja keinerlei Anlass dazu gegeben ... das wäre unfair ... aber ein Spaß wäre es!" Darauf der Wolf: „Ich habe eine coole Idee. Wir geben ihm diesmal eine faire Chance. Wir gehen runter und bitten ihn um eine Zigarette. Gibt er uns eine ohne Filter, verschonen wir ihn, gibt er uns aber eine mit Filter, bekommt er von uns Saures!" Wird sofort gemacht. Der Hase öffnet, sie ersuchen ihn um eine Zigarette. Darauf fragt der Hase zurück: „Wollt Ihr Zigaretten mit Filter oder ohne?" Wolf und Fuchs blicken einander überrascht und etwas hilflos an – darauf meint der Wolf zum Fuchs: „Aber auch heute hat er keinen Hut auf!" Und der arme Hase erhält abermals seine Tracht Prügel.

Nachfolgend einige Geschichten aus buddhistischer Tradition:

Ein junger Mann begibt sich als Schüler zu einem ehrwürdigen Zen-Meister und fragt diesen: „Ehrwürdiger Meister, ich will den Pfad der Erleuchtung beschreiten. Was wäre für mich ein erster Schritt dorthin?" – „Dein erster Schritt auf diesem Weg sei folgender: Du sollst ein ganzes Jahr lang unser Land durchwandern und immer einige Münzen dabei haben. Und wann immer du von jemandem geschmäht, beleidigt, beschimpft wirst, sollst du dieser Person eine Münze geben." Der Jüngling macht sich umgehend auf, diese Aufgabe zu erfüllen und erscheint nach einem Jahr wieder vor seinem Meister. – „Hast du deine Aufgabe erfüllt?" – „Ja, nach bestem Wissen und Gewissen. Was, oh Meister, ist nun mein nächster Schritt auf dem Pfad der Erleuchtung?" – „Du sollst nun vom Kloster in die Stadt gehen, um mir etwas zu essen zu bringen!" – „Das tu ich gerne!" erwiderte der Jüngling etwas verwundert. Als er den Auftrag erfüllend das Stadttor durchschreitet, vernimmt er hinter sich heftigste, übelste, gemeine Beschimpfungen. Er dreht sich um, nimmt undeutlich eine Gestalt wahr, die fortfährt, ihn heftigst zu beleidigen. Der junge Mann aber beginnt aus vollem Hals zu lachen. – „Wie kannst du nur lachen, wenn du so übel beschimpft wirst?" – „Du musst wissen, dass ich ein Jahr lang jedem Menschen, der mich beschimpfte, eine Münze geben musste. Nun aber genieße ich es maßlos, mich beschimpfen zu lassen, ohne dafür auch noch zahlen zu müssen!" Da gibt sich sein Lehrer zu erkennen mit den Worten: „Jetzt erst bist du bereit für den nächsten Schritt auf dem Pfad der Erleuchtung, denn du hast zwei Dinge bewiesen: Geduld und Aus-

dauer bei der Erfüllung deiner Aufgabe und verfügst über den Humor, über dich selbst lachen zu können!"

...

Eine andere kurze Geschichte erzählt von zwei Menschen, die in hektischem Treiben zusammenprallen und sich im nächsten Augenblick gegenüberstehen. Nun ist aber in dieser Geschichte einer der beiden ein weiser Mensch. Der Weise ergreift das Wort: „Es gibt jetzt zwei Möglichkeiten. Entweder habe ich Sie gestoßen oder Sie mich. Sollte ich Sie gestoßen haben, will ich Sie jetzt sofort in aller Form um Verzeihung bitten. Sollten hingegen Sie mich gerempelt haben – vergessen wir die Sache."

...

Ein Samurai hört von einem ehrwürdigen Meister, der ob seiner Weisheit weithin gerühmt wird. Er macht sich auf den Weg, wird von diesem empfangen und richtet an ihn folgende Frage: „Ehrwürdiger Meister, deine Weisheit wird überall gerühmt. Ich bin ein Samurai und suche Antwort auf die Frage: Gibt es Himmel und Hölle wirklich?" Der Meister sieht voll Verachtung auf den Samurai und beginnt sofort, diesen unflätig zu beschimpfen. „Du ein Samurai? Nie und nimmer! Du bist ein erbärmliches, nichtswürdiges Arschloch, ein Volltrottel ... !" Der Samurai – tief in seiner Heldenehre gekränkt – zieht von Jähzorn gepackt sein Schwert aus der Scheide und ist eben im Begriff auf den Meister loszustürmen. „Stopp! Halte ein!" ruft dieser, während der Samurai mit erhobenem Schwert vor ihm steht. – „Jetzt befindest du dich an der Pforte zur Hölle!" Der Samurai senkt langsam sein Schwert, steckt es wieder in die Scheide und verneigt sich in Demut und Dankbarkeit vor dem Meister, worauf dieser fortfährt: „Jetzt befindest du dich an der Schwelle zum Himmel."

...

Ein Jüngling macht sich auf, um eine fernöstliche Kampftechnik zu erlernen. Er findet einen Lehrmeister und macht beachtliche Fortschritte in dieser Kunst. Neben den körperlichen Übungen erhält er auch spirituelle Unterweisung. Unter anderem schärft ihm sein Meister ein, er dürfe diese Kampftechnik im Leben draußen nur in einer absoluten Notsituation, als ultima ratio einsetzten, um größeres Übel zu verhindern. Nach langer Ausbildung meint der Schüler nun den höchsten Grad in dieser Kunst erreicht zu haben. Eines Tages fährt er in der Straßenbahn und wird Zeuge, wie ein Betrunkener einsteigt. Dieser belästigt und beschimpft die Fahrgäste, benimmt sich ekelhaft, wird immer dreister und beginnt eine junge Dame zu attackieren. Nun – denkt er – ist der Augenblick gekommen, wo er seine Kampftechnik erstmals anwenden darf, soll und wird. Er bringt sich in Kampfposition. Da erschallt ein schriller, markerschütternder Schrei, der alle erstarren lässt. Er kommt von einem alten Mann, der den Störenfried mit Ruhe und Güte in der Stimme wiederholt zu sich ruft. Schließlich gelingt ihm dies. Als er bei ihm angelangt ist, heißt er ihn neben sich Platz zu nehmen, legt ihm die Hand auf die Schulter, beginnt mit ihm etwa so zu reden: „Komm, sprich zu mir, sag mir, was dich so schmerzt, so bedrückt?“ Plötzlich verändert sich sein Gesichtsausdruck und er beginnt zu weinen. Damit stellt der Alte Ruhe und Frieden wieder her. Und der junge Held hat nun begriffen, dass er doch noch nicht den höchsten Grad erreicht hat.

Last not least will ich hier auf den wunderbaren Mythos von *Parceval* verweisen. Dieser Mythos enthält wie kaum ein anderer die wesentlichen Stationen männlicher Individuation und Reifung. Ohne näher darauf einzugehen, zur Erinnerung: *Parceval,* als junger Tor, besessen von dem Wunsch ein Ritter/Held zu werden, beginnt seinen Weg mit viel Kraft und Testosteron. Im ersten Drittel richtet er mit seiner Kraft nur Unheil an. Dann wird er von einem erfahrenen Ritter quasi an Sohnes statt aufgenommen. Von ihm lernt er den ritterlichen Verhaltens- und Ehrenkodex. Als Auserwählter gelangt er in die Gralsburg, scheitert jedoch kläglich daran zum Heil bringenden Erlöser zu werden. Erst nachdem er nach vielen Irrungen und Wirrungen beim weisen Einsiedler *Trevricent* eine spirituelle Initiation erfahren hat, kann er – abermals in der Gralsburg angelangt – dem leidenden Gralskönig *Amphortas* die von allen erwartete und erlösende Frage stellen: „Was schmerzt dich so?"

Der *Succus,* die Lektion, die der Mythos von *Parceval* (uns Männern) erteilt, lautet in einem Satz: Nicht Kampf und Gewalt erlösen die Welt und uns alle, sondern Empathie und Mitgefühl. Wie weit sind wir doch davon entfernt!? Zum Thema *Empathie* und *Pacing* noch dieses Märchen von einem jungen Helden andere Art.

> *Im Königsschloss herrscht tiefe Besorgnis und Trauer. Die Prinzessin verharrt seit vielen Wochen in schwerer Depression, verlässt nicht ihr Gemach und spricht mit niemandem auch nur ein einziges Wort. Die Eltern, der Hofstaat, die herbeigerufenen Ärzte sind ratlos. Der König schickt seine Herolde aus und verspricht dem edlen jungen Helden das halbe Königreich und die Hand seiner Tochter, dem es gelingt, diese wieder zum Sprechen zu bringen. So versuchen denn viele ihr Glück; der eine meint, es liege an falscher Ernährung; der andere versucht sich als Spaßmacher, der dritte will sie zu sportlicher Betätigung bringen, ein anderer verordnet ihr Heilkräuter etc., etc. Alles ohne Erfolg.*

Die Prinzessin verharrt in reglosem Schweigen. Da erscheint ein clevere Handwerksbursch aus dem niederen Volk vor dem König. Aus Verzweiflung schließlich lässt er auch diesen ins Gemach der Prinzessin. Er findet diese am nächsten Morgen zusammengekauert auf ihrem Bett mit verschlossenen Augen. Ohne ein Wort nimmt er die Körperhaltung der Prinzessin ein und verharrt in dieser. Es vergeht Stunde um Stunde, beide verharren schweigend in derselben Körperhaltung. Es wird Mittag, der Abend bricht herein. Dann erst richtet der Jüngling diese ersten Worte an sie: „Du bist so traurig, dass du die Welt um dich herum nicht wahrnimmst." – „Ja" erwiderte die Prinzessin.

Diese Geschichte mag uns als Überleitung in das weite Feld der Paar-Beziehungen dienen. Konflikte zwischen Sehnsucht und Realität, zwischen Hingabe und Angst vor Kontrollverlust, zwischen Festhalten und Loslassen, Hoffnung auf Erfüllung und Ent-Täuschung.

Von Liebesunordnung, Untreue und ähnlichen Desastern

„Die Ehe ist eine Mesalliance", meinte einst *Karl Kraus*. Von dem Wiener Kabarett-Urgestein *Karl Farkas* erinnere ich diesbezüglich zwei Anmerkungen:

Die Ehe bietet uns die Möglichkeit, in langwierigen Gesprächen Probleme zu lösen, die man nicht hätte, hätte man nicht geheiratet.

und

In der Ehe erwartet die Frauen nie das, was sie sich vorstellen und Männer können sich nie vorstellen, was sie erwartet.

Aus weiblicher Perspektive meinte eine berühmte Hollywood-Diva, zu ihrer Ehe befragt: *„Auch ich habe – wie alle Frauen dieser Welt – unter meinem Niveau geheiratet."*

In Wien wurde ein Spruch der anekdotenumrankten *„Tante Jolesch"* über Männer zum geflügelten Wort: *„Alles, was ein Mann schöner is' als ein Aff', is' ein Luxus!"* Naja, das ist schon etwa hundert Jahre her – doch auch heute bewegt uns die Frage: Was Frauen wirklich von den Männern wollen? *Frank Farrelly* behauptet fest, die Antwort zu wissen. Diese ist ebenso kurz wie pointiert. Sie lautet: MORE!

Von den stereotypen Erwartungshaltungen der Geschlechter handelt auch folgender Witz:

> *In mehreren großen Städten wurden Fachgeschäfte für Ehemänner eröffnet, wo Frauen neue Ehemänner auswählen können. Am Eingang hängt eine große Tafel mit den Geschäftsbedingungen:*
>
> 1. *Das Geschäft darf nur einmal aufgesucht werden.*
> 2. *Es gibt sechs Etagen mit Männern, deren Qualitätsstandard von Etage zu Etage zunimmt.*
> 3. *Frau kann sich entweder einen Mann aus der jeweiligen Etage aussuchen oder ein Stockwerk weiter hinauf gehen und sich dort umsehen.*
> 4. *Frau kann jedoch nicht in eine niedrigere Etage zurückkehren.*
>
> *Eine Frau geht ins Geschäft um sich einen Mann zu suchen. Sie geht weiter und findet im 1. Stock ein Schild mit der Aufschrift: Diese Männer haben Arbeit und verdienen gutes Geld. Nicht genug. Im 2. Stock lockt ein Schild: Diese Männer verdienen gutes Geld*

und lieben/wollen Kinder. Gut, aber mehr wäre schön. Ein Schild im 3. Stock wirbt: Diese Männer haben einen tollen Job, wollen Kinder, sehen verdammt gut aus und sind überdies einfühlsame Liebhaber. Wow – sagt sich die Frau – da könnte man ja tatsächlich schwach werden, fühlt sich aber gezwungen, weiter zu gehen. Sie geht zum 4. Stock und liest: Diese Männer sind intelligent, wohlhabend, genießen hohes gesellschaftliches Ansehen, wollen Kinder, sehen verdammt gut aus, sind einfühlsame Liebhaber und helfen im Haushalt. Oh Gott – sagt sie sich – ich kann kaum widerstehen, geht aber dennoch weiter. Im 5. Stock steht zu lesen: Diese Männer sind intelligent, wohlhabend, genießen hohes gesellschaftliches Ansehen, wollen Kinder, sehen verdammt gut aus, sind einfühlsame Liebhaber, helfen im Haushalt und haben zusätzlich eine romantisch-poetische Ader. Sie ist nahe dran zu bleiben, geht aber dann doch – sie kann einfach nicht anders – in die letzte Etage hinauf. Auf dem Schild in der 6. Etage steht geschrieben: Sie sind die Besucherin Nummer 31.456.012. Hier gibt es keine Männer! Das Stockwerk existiert bloß, um zu belegen, wie schwierig es ist, Frauen zufrieden zu stellen. Vielen Dank für Ihren Einkauf im Fachgeschäft für Ehemänner. Auf Wiedersehen!

Gegenüber hat ein Fachgeschäft eröffnet, in dem umgekehrt Männer eine Ehefrau aussuchen können. Es verfügt ebenfalls über sechs Etagen. Für den männlichen Kunden gelten dieselben Geschäftsbedingungen. Im 1. Stock gibt es Frauen, die Sex lieben. Im 2. Stock gibt es Frauen, die Sex lieben und sehr gut kochen können. In der 3. Etage war noch nie ein Mann.

Tatsächlich belegen empirische Forschungsergebnisse: Im Ranking der Motive, eine Ehe einzugehen, nimmt bei Männern der Sex, bei Frauen die Sicherheit Platz Eins ein. *Mae West*, skandalumwitterte Filmdiva und Inbegriff einer *femme fatale* in den 30er-Jahren des vorigen Jahrhunderts pflegte einst bestimmte Männer in einer gewissen Situation mit folgenden Worten anzusprechen: *„Is this a gun in your pocket, or are you just happy to see me?“*

Gott habe – so sagt man – die Männer mit einem Hirn und einem Penis ausgestattet, jedoch mit einer wesentlichen Einschränkung. Sie sind nicht im Stande, beides gleichzeitig zu nutzen. Wir werden es nie wissen – müssten Männer gebären und Frauen erregieren, wäre die Menschheit vielleicht längst ausgestorben.

Anyway – *Aphrodite* ist eine anarchische Göttin, die ihr Füllhorn scheinbar wahllos über uns Menschen verstreut; *Eros* und *Cupido* in ihren Diensten sind freche und listenreiche Heckenschützen, die nach Belieben mit uns ihr bisweilen grausames Spiel treiben. So entstehen die sonderbarsten Paarbildungen und Mesalliancen und Liebesdesaster. Wie zum Beispiel in folgender Fabel.

> *Ein Pfau stolziert mit seiner jüngst angetrauten Henne einher. Sie begegnen einem Bekannten, der sie freudig begrüßt: „Hallo Ihr beiden! Schön euch zu treffen. Wie geht es euch?“ Darauf der Pfau: „Oh! Es geht uns wunderbar! Wir sind beide wahnsinnig in mich verliebt!“*

In der Liebe und im Krieg gibt es keine Regeln. Oft sind die Kräfte im Kampf der Geschlechter ungleich verteilt – wie die nächste Fabel illustriert.

Der Stier und der Löwe, gute Freunde, beschließen gemeinsam auszugehen und einige Bierchen zu trinken. In bester Laune plaudern und scherzen sie an der Bar. Der Stier bestellt eben eine zweite Runde – da läutet des Löwen Telefon. Er hebt ab, seine Körperhaltung, seine Mimik verändert sich schlagartig. Devot und beschwichtigend brummt er in sein Handy: „Jawohl Schatzi, sofort Schatzi, ich komme sofort nach Hause ... ja Schatzi ... ich trinke nichts mehr ... ich mach mich gleich auf den Weg Schatzi ...“ Der Stier hört und sieht fassungslos zu, schüttelt seinen Kopf, sagt dem Löwen offen seine Meinung: „Ja ist denn das möglich!? Ein Trauerspiel, ein Jammer, dich so zu sehen. Wenn mich meine Frau an einem Herrenabend in der Kneipe anrufen würde, um mir das Trinken zu verbieten ... da bekäme sie etwas anderes zu hören ... du bist ja ein jämmerlicher Waschlappen ...“ der Löwe unterbricht den schmähenden Stier: „Geschenkt, ja, ja ... du hast ja Recht ... aber trotzdem muss ich dir entgegenhalten: Es besteht diesbezüglich ein entscheidender Unterschied zwischen uns!“ – „Wieso denn das? Was meinst du mit Unterschied?“ Darauf der Löwe: „Naja, eines musst du schon bedenken: Deine Frau ist eine Kuh – meine Frau jedoch – eine Löwin!“

Zum Thema Beziehungen/Zusammenleben schätze ich die nun folgende uralte Fabel ganz besonders. Ich entdeckte sie erstmals in den *Spuren* von *Ernst Bloch;* sie ist jedoch schon bei *Äsop* zu finden.

Ein Hund und eine Eselin verlieben sich unsterblich ineinander und feiern schließlich im Kreise ihrer Freunde ihre Hochzeit. Alle geladenen Tiere nehmen Teil an dem berauschenden Fest und sind sich einig, kaum je ein schöneres, glücklicheres Brautpaar erlebt zu haben. Das Fest ist vorüber, das strahlende Paar bezieht frohen Mutes seine Hütte, um fortan zusammen zu leben. Die Jahreszeiten ziehen ins Land und ein Jahr darauf kommt der Dachs – ehemals Hochzeitsgast – in die Gegend der beiden, erinnert sich der glücklichen Hochzeit und beschließt, Hund und Eselin einen Besuch abzustatten. Er kommt zu deren Hütte, betritt diese und ist angesichts der beiden tief erschrocken. Sie geben ein Bild des Jammers ab. Total geschwächt und bis auf die Knochen abgemagert kauern sie am Boden, ringen um Atem, siechen dahin. Der Dachs wendet sich zutiefst besorgt an den Hund und flüstert ihm ins Ohr: „Was ist nur deiner ehemals blühenden Braut widerfahren, dass ich sie in diesem Zustand sehen muss?" – „Ich habe keine Ahnung, ich bin völlig verzweifelt. Sie wird weniger und weniger, obwohl ich ihr immer die besten Knochen und das beste Fleisch überlasse." Der Dachs stellt daraufhin der Eselin ebenfalls die Frage, was mit dem Hund geschehen sei. Darauf die Eselin: „Es ist ganz schrecklich, mein Gemahl wird immer schwächer und kränker, obwohl ich ihm immer das duftigste Heu und die feinsten Disteln überlasse."

Sich erstmal der eigenen Bedürfnisse bewusst werden, ist eine Sache, diese dem Partner in geeigneter Form mitzuteilen eine andere. Die Erfüllung der Bedürfnisse ist eine dritte Sache. Schließt jeder von sich auf die Bedürfnisse des Partners ohne sich darüber auszutauschen, leiden oft beide trotz bester Absichten an (emotionalen) Mangelerscheinungen wie Hund und Eselin in dieser Fabel.

Marcel Proust schreibt in der *Suche nach der verlorenen Zeit* es sei ein Irrtum zu glauben, wir verliebten uns in

Menschen. Vielmehr verlieben wir uns in Bilder, in Szenen, welche wir als eine Art Prägung in uns tragen. Wir verlieben uns auf ein Lächeln hin, auf einen Blick, auf eine Schulter, auf ein Detail, welches in uns diese Szene lebendig werden lässt. Und dann versuchen wir vergeblich, den geliebten Menschen in diese Szene zu pressen.

Anthropologen schätzen, dass durchschnittlich, quer durch alle Zeiten und Kulturen der Spezies Mensch, etwa ein Drittel aller geborenen Kinder nicht von den ausgewiesenen Vätern/Ehepartnern abstammen. Repräsentativen Umfragen bei verheirateten Frauen zwischen 19 und 90 Jahren in Amerika und in England ergaben: Gut zwanzig Prozent der innerhalb einer Ehe geborenen Kinder sind *Kuckucks-Kinder*. Wie verletzend, kränkend, tragisch und desaströs solcherlei im Einzelfall von den Betroffenen auch erlebt werden mag, für die Evolution der Spezies *Homo Sapiens* ist der dadurch gewährleistete *Gen-Cocktail* wahrscheinlich von Vorteil. Ich vermute, dass sich die Geschlechter im Ranking der Untreue im Großen und Ganzen die Waage halten. In weiterer Folge eine kleine, erlesene Sammlung von Geschichten, die ihren Humor aus der ungewohnten Perspektive auf Untreue, Seitensprung, Ehebruch beziehen. Die Geschlechterrollen und der historische/soziale Kontext sind nach Belieben austauschbar/veränderbar.

Diese Geschichte habe ich bei *Egon Friedell* in seiner *Kulturgeschichte der Neuzeit* gefunden. Sie spielt im Rokoko-Zeitalter/18. Jahrhundert in Frankreich. Damals war es bei der Eheschließung zwischen Adeligen durchaus üblich, dass Dame und Herr vertraglich vereinbart, einen Liebhaber/eine Geliebte in die Ehe mitbrachten. Ehe und Liebe waren damals in dieser Gesellschaft weitgehend verschiedene Dinge.

Ein Marquis muss unvermutet seine bereits angetretene Reise abbrechen und kehrt daher völlig überraschend in sein Schloss zurück. Zu seinem Erstaunen findet er seine Frau in innigster Umarmung mit einem Liebhaber vor, jedoch nicht mit dem im Ehevertrag erwähnten. Er betrachtet die peinliche Szene und spricht dann sehr gelassen zu seiner Frau: „Aber Luise! Wie unvorsichtig von dir! Es hätte doch jemand anderer als ich nach Hause kommen können!"

...

In einer Kleinstadt entdeckt Frau Popper, dass ihr Mann eine Geliebte hat. Wütend und tief gekränkt stellt sie ihn zur Rede. Die Beweislage ist niederschmetternd. Also gesteht Herr Popper seinen Seitensprung ein, bittet um Milde und Vergebung und erklärt seiner Frau, dass diese Liebschaft völlig ohne Bedeutung sei. Überdies hätten nahezu alle anderen Männer auch so eine Liebschaft. Es handele sich dabei um die Damen eines Ballettensembles, welche bloß einmal jährlich in dieser Stadt eine Vorstellung gäbe. Er, wie alle anderen auch, treffe diese Dame nur einmal im Jahr ... dass sei doch nicht so schlimm ... Seine Frau vergibt ihm unter der Bedingung, dass sie beim nächsten Auftritt des Ballettes dabei sein darf. Herrn Popper bleibt keine Wahl, er muss das Versprechen einlösen. Der Abend kommt. Frau neben Herrn Popper im Publikum, der Vorhang hebt sich. Sie fragt ihren Mann: „Sag mal wer ist die schwarze Kleine da links?" Er: „Das ist die Geliebte vom Notar." – „Und die Blonde in der Mitte?" – „Das ist die Geliebte vom Schuldirektor." – „Und die vierte von rechts?" – „ ... ist die Geliebte vom Baumeister." – „Und die gleich rechts daneben?" – „ ... ist die Geliebte vom Bankdirektor." „Und wer ist die Kleine am rechten Bühnenrand?" – Popper schluckt, atmet durch und gesteht schließlich: „Diese ... ist mei-

ne Geliebte." Frau Popper schweigt, blickt kritisch auf die Bühne, dann flüstert sie Herrn Popper triumphierend ins Ohr: „Die unsere is' doch die Allerschönste!"

...

Ein Ehemann kommt unerwartet nach Hause und entdeckt seine Frau in flagranti mit seinem besten Freund. Mit großer Überraschung und noch mehr Verwunderung blickt er auf beide und ruft verständnislos seinem Freund zu: „Aber Karl, mein Freund! Was machst du denn da? Ich muss ja – aber du?"

...

Kohn flüstert seinem Freund und Geschäftspartner Schlesinger vertraulich ins Ohr: „Deine Frau hat einen Liebhaber, die ganze Stadt weiß es und lacht über dich. Was gedenkst du jetzt zu tun?" – „Gar nichts!" – „Aber mein Freund! Du musst doch irgendetwas unternehmen!" – „Warum sollt ich? Ich bin lieber an einem guten Geschäft mit 50% beteiligt als mit 100% an einem schlechten."

...

Ein armer Schneider in einem galizischen Dorf ist mit einer wunderschönen Frau verheiratet. Diese pflegt eine heimliche Liebschaft mit einem adeligen jungen Herrn. Eines Tages während die Frau und der edle Junker gerade in leidenschaftlicher Umarmung beisammen liegen, kommt der Schneider unerwartet nach Hause. Der Liebhaber ergreift jäh die Flucht, springt splitternackt aus dem Fenster, auf sein Pferd und reitet so aus dem Dorf. Natürlich weiß bereits am nächsten Tag das ganze Dorf von dieser peinlichen Geschichte. Alle Dorfbewohner warten gespannt auf eine Reaktion des gehörnten Ehemannes. Aber nichts geschieht. Der Schneider lebt weiterhin friedlich mit seiner Frau zusammen und tut so, als wäre nichts geschehen. Wochen später bedrängen ihn seine Freunde am Stammtisch im Dorfwirtshaus. „Was hast du jetzt vor? Was wirst du tun? Du lässt dich doch sicher scheiden ...“ „Nichts dergleichen werde ich tun“ meint der Schneider und als Begründung erklärt er seinen verblüfften Freunden: „Wenn meine Frau für den hochwohlgeborenen Herrn gut genug ist, dann ist sie für mich armen Schneider schon lange gut genug!“

Gregor von Rezzori schreibt in seinen Memoiren zu dem Thema: *„Zum Hahnrei wird man erst, wenn man sein Geweih nicht mit Würde trägt.“*

In der folgenden *chassidischen Geschichte* gelingt dies dem Rabbi ganz gut.

Der Rebbe kommt ganz außer sich zu seiner Nachbarin und ruft empört: „Sara! Sara! Stell dir vor! Dein Mann treibt es mit meiner Frau! Ich weiß es genau, eben jetzt sind sie wieder zusammen ...“ Die Sara zeigt sich völlig unbeeindruckt und gelassen, lehnt sich an den Türstock, lächelt verführerisch, öffnet lasziv ihr Dekolleté und erwidert herausfordernd: „Rebbe, räche dich!“ Na – der Rebbe rächt sich. Eine Woche später wiederholt sich die Szene. Der Rebbe rächt sich abermals. Als Sara ihn ein drittes Mal auffordert, Rache zu nehmen, antwortet er: „Ach Sara – weißt du – ich hab's mir überlegt – ich verzeih ihm!“

In der Welt des Business

Immer mal wieder werde ich in Workshops gefragt, ob denn auch in der Wirtschaftsmediation Geschichten Anwendung finden können. Man könne doch Managern keine Märchen erzählen ... Man kann! Der einschlägige Jargon ist ohnehin übersät mit Metaphern, von Bullen und Bären, scheuen Rehen und geilen Böcken, von Kapitänen, die diverse Kurse steuern, Ruder legen, Schiffbruch erleiden, auf falsche Pferde setzten etc. Und bedenken Sie erst mal, welche Märchen Unternehmen und deren PR-Abteilung ihren Kunden erzählen!

In dem Film *An Englishman in New York* wird ein hoch gebildeter, britischer Kunsthistoriker und Experte für impressionistische Malerei von einem führenden Londoner Auktionshaus nach Amerika geschickt. Er war noch nie in der neuen Welt gewesen. In New York angekommen, sucht er den einzigen ihm persönlich bekannten Menschen auf, nämlich seinen ehemaligen Fechtlehrer. Dieser erteilt dem nach Orientierung suchenden Gentleman folgende kurze Lektion: *„Hier, in den USA wird im wesentlichen landauf landab ein Spiel gespielt und dieses Spiel trägt den Titel : Wer haut wen in die Pfanne!"*

Wie hart es bei den Pfeffersäcken oft zugeht, demonstrieren Witze, die in Amerika über Rechtsanwälte und eiskalte Businessmenschen im Umlauf sind. Hier als Beispiel einer davon.

> *Das Telefon klingelt. Ein Topmanager hebt ab. Er vernimmt folgende Botschaft: „Hallo! Hier spricht die Mafia. Wir haben Ihnen ein Angebot zu machen. Sie bekommen sechs Millionen Dollar in bar auf den Tisch. Allerdings müssen wir im Gegenzug Ihre Frau und Ihre zwei Kinder entführen und Ihre Mutter töten!"*
>
> *Der Topmanager denkt nach – kurze Schweigepause – dann antwortet er: „Okay! Geht in Ordnung – aber sagen Sie mir bitte: „Wo ist denn nun der Haken an der Sache?"*

Ach ja, die Geschäftsethik! Dazu fällt mir folgende Geschichte ein:

Ein Lehrling fragt seinen Lehrherrn: „Was bitte, ist Geschäftsethik?" – „Geschäftsethik? Also hör gut zu, ich versuche es dir anhand eines praktischen Beispiels zu erklären: Nehmen wir an, ein Kunde kommt in unser Geschäft, kauft eine Ware, zahlt irrtümlich hundert Euro zuviel und geht wieder, ohne es zu merken. Da beginnt jetzt die Geschäftsethik, nämlich mit der Frage: Behalte ich die hundert Euro allein für mich, oder teile ich mit dir!"

Von wegen *„Wer haut wen in die Pfanne"*:

Kohn und Blau sind seit langem verfeindete Konkurrenten und führen erbittert ein langen Prozess am Handelsgericht. Über viele Tagsatzungen hinweg steht der Prozess auf des Messers Schneide. Kohn wendet sich in streng vertraulichem Ton an seinen Anwalt: „Was meinen denn Sie? Könnte man nicht unserer Sache etwas nachhelfen ... wenn wir dem Richter – na Sie wissen schon ... ein Kuvert mit einer angemessenen Summe zukommen lassen?" – „Sind Sie denn bei Sinnen? Sie wollen den Richter bestechen? Völlig ausgeschlossen! Gerade bei diesem Richter wäre das fatal. Der ist absolut integer! Sie würden sich damit größten Schaden zufügen und wahrscheinlich den Prozess verlieren. Versprechen Sie mir, dass Sie davon Abstand nehmen!" – „Okay, ich verspreche es Ihnen, war ja nur eine Frage." Drei Wochen später wird der Prozess fortgeführt. Alles läuft bestens. Der Anwalt von Kohn obsiegt auf ganzer Linie. Das Urteil fällt voll und ganz zugunsten von Kohn aus. Im Café wird dieser triumphale Sieg besprochen, da flüstert Kohn seinem Advokaten ins Ohr: „Herr Doktor – kann ich mit Ihrer Verschwiegenheit rechnen? Ich möchte Ihnen eine streng vertrauliche Mitteilung machen." – „Selbstverständlich, schließlich bin ich Anwalt und unterliege einer strengen Verschwiegenheitspflicht." – „Dann will ich Ihnen jetzt etwas gestehen: Ich habe dem Richter doch ein Kuvert mit einer angemessenen Summe zukommen lassen." – „Sind Sie denn wahnsinnig geworden?! Ich habe Ihnen doch strengstens untersagt ..." Verschmitzt lächelnd flüstert ihm Kohn beruhigend ins Ohr: „Ich habe jedoch dem Geld eine Visitenkarte vom Blau beigefügt."

In einer Wirtschaftsmediation war ich mit Abteilungsleitern in einem großen Konzern konfrontiert, die – viele hundert Mitarbeiter unter sich – einen heimtückischen Krieg gegeneinander führten und so die ganze Belegschaft spalteten. Hinterrücks passierten schreckliche Dinge in der Firma, anonyme Drohbriefe, aufgestochene Autoreifen, Sabotageakte etc. Niemandem war jedoch etwas dergleichen nachzuweisen. Die Topmanager kamen freundlich lächelnd in die Sitzung und hatten mit all dem natürlich nichts zu tun. Nach Begrüßung und Smalltalk eröffnete ich die Sitzung so.

Bevor wir mit der Mediation beginnen ersuche ich Sie um etwas Geduld, machen Sie es sich so bequem, wie möglich ... lehnen sich entspannt zurück ... Sie müssen vorerst gar nicht tun ... ich will Ihnen bloß eine kleine Geschichte erzählen, die wahrscheinlich mit Ihnen gar nicht zu tun hat ... es ist eine chassidische Geschichte und spielt in einem weit abgelegenen, kleinen jüdischen Dorf. Dorthin kommt ein Geschäftsreisender zum Rabbi mit einem Anliegen.

„Verehrter Rebbe, ich hab noch etwa zwei Wochen geschäftlich in dieser Gegend zu tun. In eurem Dorf gibt es leider keine Bank. Ich habe aber 10.000 Rubel bei mir. Ich will nicht mit so viel Geld in der Tasche herumreisen. Ich bitte dich darum, das Geld bei dir hinterlegen zu dürfen bis ich meine Angelegenheiten erledigt habe." – „Was! 10.000 Rubel?! Bei so viel Geld müssen wir sehr sorgsam sein. Ich werde den gesamten Gemeindevorstand herbeirufen, damit sie uns als Zeugen dienen." Gesagt getan. Vor den Augen der acht Mitglieder des Gemeindevorstands übernimmt der Rebbe die 10.000 Rubel, legt sie vor aller Augen in eine eiserne Truhe und versperrt diese. Erleichtert reist der Geschäftsmann weiter.

Zwei Wochen später kehrt er zurück, begibt sich zum Rebbe, bedankt sich nochmals und will sein Geld in Empfang nehmen. „Wovon sprichst du?" zeigt sich der Rebbe höchst verwundert – „Das musst du wohl geträumt haben, niemals hast du bei mir Geld hinterlegt ..." – Dem armen Geschäftsmann stockt das Blut in den Adern, Schweiß treibt aus seinen Poren „Aber Rebbe, erinnere dich doch! Vor vierzehn Tagen hast du meine 10.000 Rubel vor den Augen des versammelten Gemeindevorstands in eine eiserne Truhe gelegt!" – „Na gut, dann lass ich sie eben rufen, wir werden sehen!" Die acht ehrenwerten Männer des Vorstandes erscheinen und der Rebbe fragt sie nun: „Dieser Mann hier behauptet, er hätte mir vor zwei Wochen 10.000 Rubel zur Verwahrung gegeben und Ihr wäret dabei Zeugen gewesen!" Alle Männer verneinen dies unisono. Nein, sie wüssten nicht davon, haben nichts gesehen nichts gehört.

Der Reisende verzweifelt, der Gemeindevorstand verlässt den Raum. Der Rebbe geht in den Nebenraum, kehrt mit der Truhe zurück, öffnet diese, greift hinein und übergibt dem Verzweifelten seine 10.000 Rubel. „Aber Rebbe!" ruft er verwirrt aus. „Jetzt versteh ich Bahnhof! Warum dieses ganze Theater, wenn du mir meine 10.000 Rubel nun doch wieder aushändigst?" Darauf der Rebbe mit leidender Miene: „Ich wollte dir nur demonstrieren, unter welchen Menschen ich hier genötigt bin zu leben!"

Die folgende Geschichte ist weithin bekannt und macht deutlich, wie fatal sich eine Kombination von einer durch Macht verblendeten Überheblichkeit und einer daraus resultierenden Unkenntnis/Fehleinschätzung auswirken kann. *Winston Churchill* meinte von den USA im Kontext ihrer (welt)politschen Strategien:

„Die Amerikaner machen unweigerlich das Richtige, aber erst nachdem sie alles andere ausprobiert haben."

Bemerkenswert und amüsant an dieser Version der alten Geschichte ist, dass dieser Funkverkehr wirklich so stattfand und im März 2005 von den spanischen Militärbehörden zur Veröffentlichung freigegeben wurde – alle spanischen Zeitungen haben ihn publiziert. Die nachfolgende Übersetzung verdanke ich meinem lieben Freund *Roman Gerber* aus Menorca.

[Aufgenommen von der Frequenz des Spanischen Maritimen Notrufs, Canal 106, an der Galizischen Küste *Costa De Finisterra* am 16. Oktober 1997]

Galizier: [Geräusch im Hintergrund] *Hier spricht A853 zu Ihnen, bitte ändern Sie Ihren Kurs um 15 Grad nach Süden, um eine Kollision zu vermeiden ... Sie fahren direkt auf uns zu, Entfernung 25 nautische Meilen.*

Amerikaner: [Geräusch im Hintergrund] *Wir raten Ihnen, Ihren Kurs um 15 Grad nach Norden zu ändern, um eine Kollision zu vermeiden.*

Galizier: *Negative Antwort. Wir wiederholen: Ändern Sie Ihren Kurs um 15 Grad nach Süden, um eine Kollision zu vermeiden.*

Amerikaner: [eine andere amerikanische Stimme] *Hier spricht der Kapitän eines Schiffes der Marine der Vereinigten Staaten von Amerika zu Ihnen. Wir beharren darauf: Ändern Sie sofort Ihren Kurs um 15 Grad nach Norden, um eine Kollision zu vermeiden.*

Galizier: *Dies sehen wir weder als machbar, noch als erforderlich an ... wir empfehlen Ihnen, Ihren Kurs um 15 Grad nach Süden zu ändern, um eine Kollision zu vermeiden.*

Amerikaner: [stark erregter, befehlenderTon] *Hier spricht der Kapitän Richard James Howard, Kommandant des Flugzeugträgers „USS Lincoln" von der Marine der Vereinigten Staaten von Amerika, Das zweitgrößte Kriegsschiff der nordamerikanischen Flotte. Uns geleiten zwei Panzerkreuzer, sechs Zerstörer, fünf Kreuzschiffe, vier U-Boote und mehrere Schiffe, die uns jederzeit unterstützen können. Wir sind auf Kurs Richtung Persischer Golf, um dort ein Militärmanöver vorzubereiten und im Hinblick auf eine Offensive des Irak auch durchzuführen.*

Ich rate Ihnen ***nicht*** *... Ich* ***befehle*** *Ihnen, Ihren Kurs um 15 Grad nach Norden zu ändern!!!!!! Sollten Sie sich nicht daran halten, so sehen wir uns gezwungen, die notwendigen Schritte einzuleiten, um die Sicherheit dieses Flugzeugträgers und auch die dieser militärischen Streitmacht zu garantieren. Sie sind Mitglied eines alliierten Staates, Mitglied der Nato und somit dieser militärischen Streitmacht ... Bitte gehorchen Sie unverzüglich und gehen Sie uns aus dem Weg!!!*

Galizier: *Hier spricht Juan Manuel Salas Alcántara. Wir sind zwei Personen. Uns geleiten unser Hund, unser Essen, zwei Bier und ein Mann von den Kanaren, der gerade schläft. Wir haben die Unterstützung der Sender Cadena Dial von La Coruna und des Kanals 106 als Maritimer Notruf. Wir fahren nirgendwo hin, da wir mit Ihnen vom Festland aus reden. Wir befinden uns im Leuchtturm A-853 Finisterra an der Küste von Galizien. Wir haben eine Scheißahnung, welche Stelle wir im Ranking der spanischen Leuchttürme einnehmen. Und Sie können die Schritte einleiten, die Sie für notwendig halten und auf die Sie geil sind, um die Sicherheit Ihres Scheiß-Flugzeugträgers zu garantieren, zumal er gleich an den Küstenfelsen Galiziens zerschellen wird. Aus diesem Grund müssen wir darauf beharren und wir möchten Ihnen nochmals ans Herz legen, dass es das Beste, das Gesündeste und das Klügste für Sie und Ihre Leute ist, Ihren Kurs um 15 Grad nach Süden zu ändern, um eine Kollision zu vermeiden!*

Bisweilen kommt es jedoch vor, dass Problemen auch mit den allermodernsten Managementtechniken nicht beizukommen ist. Ganz einfach deshalb, weil es das Menschenmögliche übersteigt. Deshalb muss man aber noch lange nicht die einzig richtige Konsequenz daraus ziehen, was nachfolgender Text illustriert. Ich habe ihn per Zufall im Internet gefunden:

„Wenn dein Pferd tot ist, steig ab!"

Diese Redensart, meist als Sprichwort der *Dakota-Indianer* deklariert, beschreibt einen einfachen, klar erfassbaren Sachverhalt und einen vernünftigen einleuchtenden Umgang mit dieser Situation.

Nachfolgend ein bunter Strauß von Alternativen[21] aus der Tool-/Strategie-Kiste modernen Managements:

Wegschauen

Wir besorgen eine stärkere Peitsche.

Wir erklären: Kein Pferd kann so tot sein, dass man es nicht noch schlagen könnte.

Wir erhöhen die Qualitätsstandards für das Reiten auf toten Pferden.

Wir führen ein Jahresgespräch mit dem Pferd und erhöhen seine Leistungsanforderungen.

Wegdelegieren

Wir wechseln den Reiter.

Wir kaufen Leute von außerhalb ein, um das tote Pferd zu reiten.

21 Die Sprüchesammlung stammt von Werner Tiki Küstenmacher, Chefredakteur von „simplify your life" (www.simplify.de).

Wir strukturieren um, damit ein anderer Bereich das tote Pferd bekommt.

Wir kaufen etwas zu, was das tote Pferd schneller laufen lässt.

Wir gründen einen Arbeitskreis, um das tote Pferd zu analysieren.
Wir suchen Berater, die uns bestätigen, dass das Pferd noch nicht ganz tot ist.

Wir bringen das tote Pferd unter einem zugkräftigen Namen an die Börse.

Wegreparieren

Wir schieben eine Trainingseinheit ein, um besser reiten zu lernen.

Wir besuchen andere Orte, zum zu sehen, wie man dort tote Pferde reitet.

Wir spannen mehrere tote Pferde zusammen, um ihre Teamfähigkeit zu erhöhen.

Wir richten eine unabhängige Kostenstelle für tote Pferde ein.

Wir machen zusätzliche Mittel locker, um die Leistung des toten Pferdes zu erhöhen.

Wir bilden einen Qualitätszirkel, um eine Verwendung für tote Pferde zu finden.

Wegdenken

Wir stellen Vergleiche zwischen unterschiedlich toten Pferden dar.

Wir ändern die Kriterien, die besagen, ab wann ein Pferd tot ist.

Wir veranlassen eine Gegenstudie, welche die Lebendigkeit des Pferdes nachweist.
Wir erstellen eine tolle Power-Point-Präsentation darüber, was das Pferd könnte, wenn es noch lebte.

Wir erklären, dass unser Pferd „besser, schneller und billiger" tot ist.

Wir stellen fest, dass die anderen auch tote Pferde reiten, und erklären dies zum Normalzustand.

Wir sagen: „So sind wir schon immer geritten."

Zum Abschluss

Sie haben sicher schon mal die Erfahrung gemacht, die Umgebung durch ein Fernglas abwechselnd von beiden Seiten zu betrachten. Diese optische Erfahrung dient mir als hilfreiche Metapher auch im Umgang mit Konflikten, Problemen, ja mit dem Leben und uns Menschen insgesamt. Letztlich geht es um das Loslassen. Es gibt Probleme, Konflikte, die bereinigt, gelöst, überwunden werden können. Es gibt aber auch solche, die entschärft werden, indem wir lernen, sie weniger wichtig zu nehmen oder unter anderem Blickwinkel zu betrachten, indem wir mehr Distanz gewinnen. Dabei ist jedoch lineares, kausales zweckrationales Denken eher hinderlich. Hier hilft Gelassenheit, Demut, Bescheidenheit, ganzheitliches Denken über den Tellerrand hinaus, auch Mut zur Unvollkommenheit. Übertriebener Perfektionismus ist ein schlechter Ratgeber. Leben/Entwicklung erfolgen nicht in linearen Prozessen. *Sub auspiciis aeternitatis (in Hinblick auf die Ewigkeit, die Unendlichkeit)* sagen die Mystiker, heben sich alle Widersprüche auf – ja unendlich vieles mehr als wir uns je vorstellen können. Der Tod – so *Ludwig Wittgenstein* – löst alle unsere Probleme.

Wenn wir mit der Endlichkeit des Daseins konfrontiert sind, mit Tod, schwerer Krankheit, Katastrophen oder ähnlich tragischen Ereignissen, dann verschieben sich die Bedeutungen, die wir den Dingen zumessen, radikal. Dinge, die uns gestern noch so wichtig erschienen, versinken mit einem Schlag in die Bedeutungslosigkeit. Anderes jedoch, Dinge, deren wir uns nicht bewusst sind und/oder die wir als selbstverständlich ansehen, gewinnen plötzlich immens an Bedeutung, besonders dann, wenn wir sie verloren haben. Angesichts des Todes – nochmals *Thomas Bernhard* – wirkt alles lächerlich. Wir können jedoch den Hinweis eines der altvorderen griechischen Weisen beherzigen:

> *„Du kannst jetzt schon so leben, wie du dir angesichts deines Todes wünschen wirst, gelebt zu haben."*

Dabei fallen mir die zen-meisterlich schlichten, letzten Worte ein, die *Humphrey Bogart* zugeschrieben werden:

> *„Es war ein Fehler, von Scotch auf Martini umzusteigen."*

Paul Feyerabend, dieser faszinierende und wunderbare Erkenntnistheoretiker, Wissenschaftler und Mensch – berühmt geworden mit dem Satz *Anything goes* – lebte gerade im Kontext von Wissenschaft und Lehre seinen beachtlichen Hang zum Geschichten erzählen aus. Zu seinen Vorträgen und Vorlesungen strömten Menschen verschiedensten Alters, Bildungsgrades, verschiedenster Professionen in Scharen herbei. Als er 1993 begann, seine Lebensgeschichte aufzuschreiben – er wurde kurz danach von einem bösartigem Gehirntumor befallen – wusste er noch nicht, dass ihn nach Abschluss des Manuskriptes der Tod erwartete. Sein Buch *Zeitverschwendung*[22] wurde posthum von seiner Frau, *Grazia Borrini Feyerabend*, veröffentlicht. Daraus will ich nun den letzten Absatz wiedergeben, wenige Wochen vor seinem Tod geschrieben:

22 In deutscher Übersetzung erschienen bei Suhrkamp 1995.

„Einerseits bin ich bereit, Abschied zu nehmen, trotz all der Dinge, die ich noch tun möchte, aber auf der anderen Seite bin ich traurig, dass ich diese schöne Welt zurücklassen muss, vor allem Grazia, die ich gerne noch für ein paar Jahre begleitet hätte.

Vielleicht sind dies meine letzten Tage. Wir freuen uns über jeden einzelnen. Meine letzte Paralyse wurde durch eine Blutung im Hirn hervorgerufen. Ich möchte, dass nach meinem Ableben nicht Aufsätze und nicht letzte philosophische Erklärungen von mir zurückbleiben, sondern Liebe. Ich hoffe, dass sie weiter besteht und nicht zu sehr beeinträchtigt wird von der Art meines Ablebens, das ich mir friedlich wie ein Koma wünsche, ohne einen Todeskampf, ohne schlechte Erinnerungen zurückzulassen. Was immer jetzt geschieht, unsere kleine Familie kann ewig leben – Grazia, ich und die Liebe. Das ist es, was ich mir wünsche: nicht, dass mein Geist weiterlebt, sondern allein die Liebe.“

Womit sich der Kreis wieder schließt. Mit dem *Dilige et quod vis fac* des Augustinus haben wir begonnen ... *And in the end, the love you take is equal to the love you make* heißt es bei den *Beatles.*[23]

Ein hochbetagter Mönch nahm einen weiten Weg auf sich, um einem Zen-Meister seine Frage vorzubringen: „Was ist das für eine Zeit – Meister – wenn die Blätter sich färben und zur Erde fallen?“ – „Dann“ – so seine Antwort – „dann entfaltet der goldene Wind seine ganze Kraft.“

23 John Lennon/Paul McCartney: The End (Album: The Beatles – Abbey Road, 1969)

Abschließend lade ich Sie ein, den *Großen Zoom* zu betätigen, um uns vom Hier und Jetzt zu entfernen. Von immer größer werdender Distanz blicken wir herab, auf unser Haus, unsere Stadt, unser Land, unseren Kontinent ... schließlich sehen wir unseren blauen Planeten Erde im All immer kleiner werdend, schweben durch Galaxien und werden Zeuge einer interplanetaren Begegnung, von der meine letzte Geschichte erzählt.

Zwei Planeten einer fernen Galaxie begegnen einander nach Jahrmillionen auf ihrer Umlaufbahn. „Hallo mein Freund! Welche Freude, dich wieder mal zu treffen! Sag an, wie geht es dir?“ Darauf der andere: „Ach weißt du, mir ging es schon besser. Ich fühle mich etwas unwohl in meiner Haut.“ – „Du fühlst dich unwohl? Bist du etwa kränkelnd? Was ist los mit dir?“ – „Stell dir vor – ich habe Homo Sapiens!“ – „Du hast Homo Sapiens? Ist nichts wirklich schlimmes, kenne ich! Hatte ich auch mal. Es ist etwas lästig, aber ich kann dich beruhigen, es geht vorbei!“

Zu den Quellen

Mythen, Bilder, Geschichten, Spruchweisheiten, Witze, Aphorismen etc. werden seit Jahrtausenden vorwiegend mündlich tradiert. Viele davon tauchen in immer neuen Gewändern auf, der jeweiligen Zeit, (Sub)Kultur angepasst. Es gibt sie natürlich auch in schriftlicher, literarischer Form, in diversen Büchern gesammelt. In uns jedoch sind sie kaum in der linken Gehirnhälfte strukturiert und logisch geordnet zu speichern wie abzurufen. Sie wohnen in der rechten Gehirnhälfte, im intuitiven, holistischen, bildhaften Erfassen von Situationen, wiederkehrenden Mustern, Lebenssituationen. Die beste Art sie zu sammeln und zu behalten ist, sie zu verwenden, indem man sie immer wieder erzählt, weitergibt. Von vielen Geschichten – auch in diesem Buch – ist mir die Quelle nicht bekannt bzw. ersparte ich mir die Mühe, danach zu suchen. Viele Spruchweisheiten werden verschiedensten alten Weisen zugeschrieben und sind wahrscheinlich älteren Ursprungs als diese selbst.

Für diejenigen geneigten Leser, die sich näher damit beschäftigen wollen, habe ich nachfolgend einige Quellen- und Literaturhinweise zusammengestellt.

Vorne weg seien hier drei Bücher genannt, welche für mich persönlich eine Art von Pforte, ein Zugang, ein Tor in das unermessliche Reich der Geschichten, Mythen und Metaphern war und ist. Sie beinhalten weit mehr als bloße Geschichten. Sie sind eine Art Leitfaden für das Begreifen, tiefere Verstehen und die Wirkung von Mythen und Geschichten auf uns Menschen.

Ernst Bloch
„Spuren" Suhrkamp Verlag, Frankfurt am Main 1969
(identisch mit Band I der Ernst Bloch Gesamtausgabe)

Roberto Calasso
„Die Hochzeit von Cadmos und Harmonia" , Insel Taschenbuch, Frankfurt am Main 1993

Joseph Campbell
„Die Masken Gottes" – 4Bände, Deutscher Taschenbuchverlag, München 1996

…

Chajim Bloch
„Chassidische Geschichten", Eugen Diederichs Verlag, München 1990

Alice Calaprice (Hrsg.)
„Einstein sagt" – Zitate, Einfälle, Gedanken, Piper Verlag, München 1997

Elias Canetti
„Die Provinz des Menschen", Fischer Taschenbuch Verlag, Frankfurt am Main 1976

Reinhold Dietrich (Hrsg.)
„49 Meistergeschichten", Verlag Dietrich, Salzburg 1996

Ders.
„Der Palast der Geschichten", Verlag Dietrich, Salzburg 2002

Paul Feyerabend
„Zeitverschwendung", Suhrkamp Verlag, Frankfurt am Main 1995

Salcia Landmann
„Jüdische Witze", Deutscher Taschenbuch Verlag, München 1963

Stanislaw Jerzy Lec
„Sämtliche unfrisierte Gedanken", Lizenzausgabe, Sanssouci Verlag, Zürich 1999

Georg Christoph Lichtenberg
„Die Aphorismen-Bücher", Gerd Haffmans bei Zweitausendeins, Frankfurt am Main 2005

Ulrich Marzolph „Nasreddin Hodscha 666 wahre Geschichten", Verlag C.H.Beck, München 1996

Friedrich Nietzsche
„Weisheit für Übermorgen", Deutscher Taschenbuch Verlag, München 1994

Ders.:
„Die Geburt der Tragödie aus dem Geiste der Musik", Insel Taschenbuch, Frankfurt am Main 1987

Kambiz Pootchi (Hrsg.)
„Goldene Äpfel" – Spiegelbilder des Lebens, Verlag Via Nova, Petersberg 2004

Paul Reps (Hrsg.)
„Ohne Worte – ohne Schweigen" – 101 Zen-Geschichten, Otto Wilhelm Barth Verlag, München 2003

Sidney Rosen (Hrsg.)
„Die Lehrgeschichten von Milton H. Erickson", Iscopress, Salzhausen 1994

Achim Seidl
„Das Weisheitsbuch des Zen", Carl Hanser Verlag, München/Wien 1988

Idries Shah
„Sufi-Wege zum Selbst", Diderichs Gelbe Reihe, Diderichs Verlag, München 1995

Bernhard Trenkle
„Das Ha – Handbuch der Psychotherapie", Carl-Auer-Systeme-Verlag, Heidelberg 1999

Ders.
„Das Aha! – Handbuch der Aphorismen und Sprüche für Therapie, Beratung und Hängematte", Carl-Auer-Systeme-Verlag, Heidelberg 2004

Ed Watzke
„Äqulibristischer Tanz zwischen Welten. Auf dem Weg zu einer transgressiven Mediation", Forum Verlag Godesberg, Mönchengladbach 2004 (3., erweiterte Auflage)

Lutz von Werder
„Das große philosophische Gelächter", Schibri-Verlag, Berlin/Milow 2004

Ken Wilber
„Eine kurze Geschichte des Kosmos", Fischer Taschenbuch Verlag, Frankfurt am Main 2000

Über den Autor

Ed Watzke, Dr. phil., geboren 1951, Geschichtenerzähler, Poet, Sozionaut und Kulturwissenschaftler. Lebt, liebt und arbeitet in Wien.

Kontaktadresse: ed.watzke@chello.at

Foto: Photo Göderle, 2008

Als Lehrender und Lernender, Mediator, Sozialarbeiter und Psychotherapeut seit etwa drei Jahrzehnten unterwegs auf wundersamen, bizarren, verschlungenen Pfaden in allerlei ebenso wundersamen *sozionautischen* wie *psychonautischen* Aventiuren – Reisen und Abenteuer auf dem Weg in das Innere eigener, individueller sowie kollektiver seelischer Gefilde.

Seit 1991 Erfahrung aus etwa 2000 Fällen vorwiegend gerichtsnaher Mediation im *Außergerichtlichen Tatausgleich Wien*, aber auch in eigener Praxis.

Autor, Trainer, Aus- und Fortbildner, Supervisor, Lehrbeauftragter. Studien zur Verbindung von Kunst/Poesie und Wissenschaft. Entwicklung von innovativen Ansätzen und Methoden im Bereich Mediation.

Integration von *Psychodrama*, *Playback-* und *Improtheater* als performative Elemente im Kontext *Mediation/Beratung/Therapie.* Gemeinsam mit *Aniko Kaposvari* Mitbegründer des *Ad-Hoc-Theaters* und mit *Georges Bataille* der Meinung, dass *„das Lachen göttlicher ist als das Weinen"*, mit *Jules Renard* der festen Überzeugung:

> *Wir brauchen mehr Leben im Theater und mehr Theater im Leben!*
>
> *Ceterum censeo, dass Poesie, Phantasie und ganz besonders der Humor vor allem dort nötig und heilsam sind, wo dies am wenigsten erwartet wird.*

Außerdem von *Ed Watzke* bei uns bereits erschienen:

„Äqulibristischer Tanz zwischen Welten. Auf dem Weg zu einer transgressiven Mediation", Forum Verlag Godesberg, Mönchengladbach 2004 (3., erweiterte Auflage), ISBN 978-3-936999-09-9